すぐに役立つ

入門図解
三訂版

仮差押・仮処分
の法律と手続き

弁護士　　弁護士
森 公任　森元みのり［監修］

三修社

はじめに

　「仮差押・仮処分」という言葉は聞いたことはあるが、よくはわからないという人が多いと思います。簡単に説明すると、債権者の権利を暫定的に保護し、債務者の財産または権利関係を確保することを目的とした手続です。

　また、債権者からの支払請求に簡単には応じない債務者に対しては、最終的に訴訟を起こすことになる場合であっても、その前に、債務者の出方を封じておかなければならないこともあります。

　訴訟を起こし、勝訴すれば、解決かというと必ずしもそうではありません。訴えの提起から勝訴判決を得るまでには、一般にかなりの時間がかかります。債権者が訴訟を起こしたということになると、起きてくるのが債務者の財産隠しです。場合によっては、訴訟を起こす前から、すでに財産隠しに着手しているという場合もあります。

　せっかく訴訟を起こして、強制執行できるということになったとしても、財産のない債務者からは何もとれません。そうならないためにも、債務者の財産隠しを封じる手を打っておかなければなりません。そんなとき利用するのが仮差押や仮処分といった保全手続です。

　つまり、仮差押・仮処分をすると、債務者は財産を処分したとしても、そのことを債権者に主張することができなくなります。

　本書では、仮差押・仮処分の基本的な流れと手続きはもちろんのこと、その後に行われる訴訟および強制執行のしくみまで、図や書式サンプルを盛り込み、わかりやすく解説した実務入門書となっています。

　三訂版発行にあたり手続きやサンプル書式を最新のものに改めるとともに、内容をさらに充実させております。

　本書によって仮差押・仮処分のしくみを理解していただき、読者の皆様のお役にたつことができれば幸いです。

監修者　　弁護士　森　公任　弁護士　森元　みのり

Contents

第3章　担保の提供・供託など申立て後の手続

第4章　決定から保全執行までの手続

第5章　ケース別　保全手続の執行方法

　Q&A 占有移転禁止の仮処分にはどんなものがあり、どんな効力が
　　　 あるのか教えてください。占有移転禁止の仮処分は占有者が

第 1 章

民事保全手続のしくみ

1 保全手続とはどんな手続なのか

裁判所を通した債権の保全手続を理解しておく

■ 債務者の財産隠しを封じておくのが保全手続

　請求に応じない債務者に対しては、最終的に訴訟ということにならざるを得ませんが、その前に、債務者の出方を封じておく必要があります。

　こちらが訴訟を起こしたということになると、起きてくるのが**債務者の財産隠し**です。こちらが訴訟を起こす前から、すでに財産隠しに着手しているという場合もあります。せっかく訴訟を起こして、強制執行（国家が債権者の請求を強制的に実現する手続）ができるということになったとしても、財産のない債務者からは何もとれません。強制執行をして取り上げるだけの財産が債務者にないということになれば、多くの時間や費用をかけて、やっと手に入れた勝訴判決がムダになってしまいます。そうならないためにも、債務者の財産隠しを封じる手を打っておかなければなりません。そのとき利用できる手段が**保全手続**です。

■ 債務者の財産をあらかじめ確保しておく制度

　裁判を利用して債権を回収する場合、訴えの提起にはじまり、審理の結果として勝訴判決を得てから債務者の財産に強制執行をかけて、現実に金銭の支払いを得ることができます。このとき、勝訴判決を得たからといって、すぐに強制執行ができるわけではありません。勝訴判決をもとに、執行文つきの債務名義（203ページ）という書類を得て、はじめて強制執行が認められます。

　このように、裁判手続により債権を回収するには、勝訴判決を

得るまでにかなりの時間がかかり、勝訴判決を得てからもそれなりの時間がかかります。その時間が経過する間に、債務者が自分の財産の中で価値の高い物を他の債権者や第三者に売却してしまったらどうなるのでしょうか。

債務名義などの強制執行の準備が完了し、やっと強制執行手続が開始されたときには、債務者のもとから価値の高い財産はすべて売却されており、せっかくの強制執行も実際には何の役にも立たないことになります。裁判に勝ったのに、債権の回収が事実上、不可能となる事態が生じる可能性もあるのです。

そこで、そのような事態を避けるために保全手続という制度が存在します。つまり、保全手続とは、債権者が強制執行をかける場合に備えて、債務者の財産をあらかじめ確保しておく制度です。

■ 仮差押と仮処分

保全手続は大きく仮差押と仮処分の2つに分けられます。以下、順に説明します。

● 民事保全の全体像

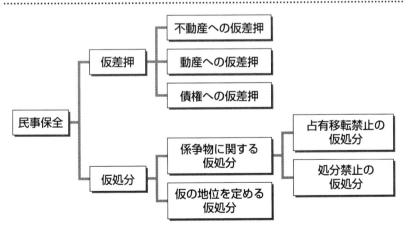

① 仮差押

　金銭の支払いを目的とする債権（金銭債権）のための保全手続で、金銭債権の債務者が所有する特定の財産について現状を維持させる保全手続です。

　たとえば、AがBに対して金銭債権を持っているとします。この場合に、AがBの土地を仮差押したときには、Bは自分の土地であっても、その土地を処分する（売却などをする）ことに制限が加えられます。厳密にいえば仮差押がなされていても、Bはその土地を売却すること自体はできます。しかし、たとえそうできたとしても、仮差押をしたAは、購入した第三者からその土地を取り上げて強制的に競売にかけることができるのです。

② 仮処分

　仮処分は、仮差押と異なり金銭債権以外の権利を保全するために必要になります。仮処分には、係争物（争いとなっている権利や物のこと）に関する仮処分（18ページ）と仮の地位を定める仮処分（21ページ）があります。具体的には、占有移転禁止の仮処分や従業員が不当解雇された場合の賃金の仮払いを求める仮処分などがあります。

● 民事保全の流れ

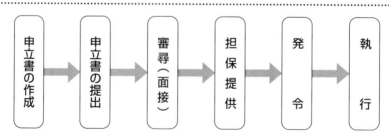

申立書の作成　→　申立書の提出　→　審尋（面接）　→　担保提供　→　発令　→　執行

② 保全手続の流れを知っておこう

保全の必要性を疎明する

■ 保全手続の流れをつかむ

　仮差押・仮処分の大まかな手続の流れは以下のようになります。まず裁判所に「仮差押命令」「仮処分命令」の申立てをします。この申立ては書面で行うのが原則です。

　次に、その申立てを受けた裁判所が債権者に審尋（面接）などをします。審尋では、保全の必要性や担保（保証金）などについて裁判所が債権者に質問をします。

　さらに、裁判所が決定した仮差押・仮処分の保証金を納付します。その後に裁判所が仮差押・仮処分の決定をし、実際の執行がなされます。債務者に保全手続を命ずるのは裁判所です。

■ 保全命令の申立てをする

　保全命令の申立ては、書面（申立書）によって行います。申立書には、被保全債権の内容とその保全の必要性を明らかにする資料、目的物の目録・謄本などを添付します。申立先の裁判所は、原則として、本案の管轄裁判所または仮に差し押さえるべき物や係争物の所在地を管轄する地方裁判所です（24ページ）。

■ 被保全債権について疎明をする

　仮差押・仮処分の申立てに際しては、被保全債権（保全してもらいたい債務者に対する債権）が実際に存在することを疎明する必要があります。**疎明**とは、裁判官が一応納得する程度の心証を得た状態のことで、裁判で必要とされる「証明」（裁判官が確信

を得る程度の心証を得た状態のこと）よりも程度が緩やかなものをいいます。つまり、被保全債権が実際に存在することを裁判官に納得してもらえればよいのです。疎明に際しては、被保全債権についての債務者との契約書などを資料として提出します。

■ 保全の必要性

　保全手続の申立てでは、被保全債権の存在が認められるだけでは不十分です。さらに、現時点で保全手続をする必要性、つまり**保全の必要性**についても疎明する必要があります。

　たとえば、AがBに対してもっている債権の支払について、勝訴判決を得たとします。このとき、Bが唯一の財産である不動産を売却処分しようとしており、この不動産が処分されるとAが勝訴判決を得ても強制執行できる財産がなくなってしまう、などの具体的な事情を疎明できることが必要になります。

■ 目的財産を特定する

　仮差押を行う場合に、債務者のどの財産に仮差押をかけるのかを明らかにするため目的財産を特定する必要があります。ただし、動産の仮差押の場合には特定する必要はありません。

■ 債権に対する仮差押

　保全処分として、債務者が第三者に対してもつ債権を仮差押することもできます。たとえば、AがB（債務者）に対して被保全債権をもっていて、BはC（第三債務者）に対して債権をもっている場合、Aは、BのCに対する債権の仮差押ができます。

　債権の仮差押をする場合には、債務者の第三債務者に対する債権の存否などを確認する必要があります。

　なぜなら、債務者が第三債務者に対して債権をもっていなかった

り、その債権の金額が被保全債権の金額に不足していたりするのでは、仮差押をしてもムダだからです。そのため、仮差押命令の申立てと同時に「第三債務者に対する陳述催告の申立て」も行います。

■ 債権者の審尋をする

保全処分の申立てについての裁判所の判断は、申立書と疎明資料だけでなされるのが原則です。これは、保全手続の迅速性を確保するためです。

しかし、実際には審尋という手続がなされています。

これは、裁判所に債権者が出頭し、裁判官に疎明資料の原本を確認してもらい（通常、裁判所には疎明資料のコピーを提出します）、保全手続の必要性を疎明し、担保（保証金）について裁判官と協議をする手続です。

■ 担保（保証金）を立てる

仮差押・仮処分は、債権者の言い分だけに基づく、裁判所による「仮の」決定です。後日、債権者が訴訟提起をして敗訴することもあります。そのような場合には、仮差押・仮処分の相手に損失が生じる可能性があります。そこで、裁判所は、債務者が被る損害の賠償を担保する目的で、債権者（申立人）が一定額の保証金を納付することを求めることができます。

● 審理の構図

■ 民事保全にもいろいろある

前述したように、民事保全は「仮差押」と「仮処分」の2種類に大きく分けられ、仮処分の中には「係争物に関する仮処分」と「仮の地位を定める仮処分」の2種類があります。まず、これらの言葉の意味について説明をしていきましょう。

なお、民事保全の種類の中には、特殊保全というものもありますが、それについては22ページで触れることにします。

■ 仮差押とは

民事保全を理解するには、具体的な事例をイメージしながら言葉の意味を正確に覚えていくことが大切です。

まず、民事保全のひとつである仮差押とはどのようなものかについて、事例で説明すると、次のようになります。

AがBに1000万円を貸したが、Bは約束の期日に返そうとしません。ここで、あなたがABどちらかの立場に立ってイメージして読み進めていけば、より具体的に理解していくことができるでしょう。ここでは、とりあえず債権者Aの立場に立って読み進めていってください。

ところで、民事保全では、「債権者」「債務者」という言葉が頻繁に出てきます。通常は「債権者」と言えば、お金を貸している人間などを指し、「債務者」と言えば、お金を借りている人間などを指します。しかし、民事保全における「債権者」とは、単に民事保全を申し立てている側の人間という程度の意味であり、

「債務者」とは、単に申立てを受けている側の人間という程度の意味だと理解しておいてください。

　話を戻しますが、AはBを相手どって、お金を返せという民事訴訟を起こすことを決意しました。しかし、Bのめぼしい財産と言えば、Bが所有している持ち家だけです。さらにBは、他にも何件か借金を抱えています。このままだと、いつ何時、Bが持ち家を処分していてもおかしくありません。もし処分されてしまうと、たとえAが裁判を起こして勝訴しても、後日資力のなくなったBからお金を返してもらうことができなくなります。

　そこで、AはBの持ち家が処分されてしまうことがないように、持ち家という唯一の財産を守っておく（保全しておく）必要があります。このように、AがBから貸金債権（被保全債権）をとりはぐれないようにするために、Bの財産を法的に動かせない状態にしておく（保全しておく）手続が民事保全です。なお、ここでとりあげたケースは民事保全の中の仮差押についての説明です。

　民事保全手続をとったAは、その後に民事訴訟（先ほどのケースでは貸金返還請求訴訟）を起こさなければなりません。民事保全というのは、あくまでも、その後の民事訴訟で争っていく権利を一時的に保全（確保）しておくという程度の役割しかありません。ですから、民事保全の後に民事訴訟を起こさなければ、民事

● 仮差押

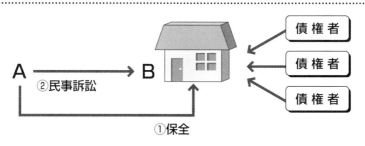

保全の申立てそのものが裁判所に取り消されてしまいますので注意しましょう。

　なお、民事保全の申立ての後に民事訴訟で争っていく事件（先ほどのケースでは貸金返還請求事件）を**本案**といい、本案に関する訴訟を**本案訴訟**といいます。

　このように、民事保全は、本案の権利の実現という債権者本来の目的を達成していくために、本案に先立って（もしくは同時に）申し立てていく手続だといえます。

　つまり、先ほどのケースにおいて債権者であるＡが、自身の最終的な目的である、Ｂからのお金の回収を達成するには、民事保全手続きである仮差押と、本案である民事訴訟という２つの別個の手続きを１つのセットとして考えなければならないといえます。どちらか一つだけでは目的を達成することは難しい、あるいは不可能、といっても過言ではありません。

■ 係争物に関する仮処分

　仮処分には、①係争物に関する仮処分と②仮の地位を定める仮処分の２種類がありますが、ここでは、まず、係争物に関する仮処分について説明します。

　係争物に関する仮処分も、さらに２種類に分けることができま

● 占有移転禁止の仮処分

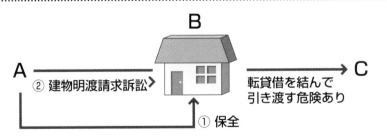

す。その1つは、占有移転禁止の仮処分で、もう1つは、処分禁止の仮処分です。ここでは、まず、占有移転禁止の仮処分について説明をします。

アパートの大家であるAがBに部屋を貸しました。Bは、実際にその部屋に居住しているものの、やがて賃料を滞納するようになり、滞納期間は現時点で半年間に及んでいるとします。Aは滞納相当額をBに催促しましたが、Bは全く支払おうとはしません。そこで、AはBの賃料不払いを理由として建物明渡請求訴訟を提起する決意をしました。ところが、なおも占有を続けるBは、その後、暴力団員Cと転貸借契約（又貸し契約）を結んだとします。現時点ではまだ引渡しはなされていませんが、Bが退去してCが引っ越してくるのは時間の問題でしょう。

このような状況において、建物明渡請求訴訟を提起し、何か月もかけて勝訴判決を得ることができたとしても、Cがすでに占有をはじめた後では面倒なことが起こるのは目に見えています。

Aとしては、BがCに建物を引き渡さないように早急に手を打っておく必要があります。その方法が、占有移転禁止の仮処分の申立てです。Aは、本案の建物明渡請求訴訟の提起前もしくは提起と同時に、占有移転禁止の仮処分の申立てをしておくことで、Cの占有という事態を回避できるようになります。

処分禁止の仮処分

係争物に関する仮処分のひとつである処分禁止の仮処分については、84ページ以下に書式例を掲載しています。ただ、それらの前提となっている事案は多少複雑です。ここでは、概念そのものをまず理解していただくことにねらいがあるので、書式例の事案はとりあえず置いておいて、以下の簡単な事例から具体的なイメージをつかむことができるようにしておいてください。

AがBに時計を預けていましたが、Bは約束の返還期日になっても返そうとしません。そこで、AはBを相手どって、動産引渡請求訴訟（本案訴訟）を提起したとします。ところが、本案訴訟の最中に、Bが第三者Cに時計を売ってしまった場合（処分してしまった場合）はどうなるのでしょうか。

　Aにしてみると、すでに時計を持っていないBに対して時計を引き渡せ、という訴えを続けていることになります。そうなると、たとえAが勝訴したとしても、Bに「いや、私は時計を持っていません」と言われてしまうでしょう。

　ところで、「処分」の意味ですが、本事例ではBがCに時計を売った事実を指します。つまり、特別な法律用語ではなく、私たちが日常使う意味だと捉えていただいてかまいません。この場合に、Aは裁判所に対して「Bが時計を処分することを禁止してくれ」という処分禁止の命令の申立てをしていきたいところです。ところが、本案を審理していかなければ、Aが本当に時計の所有者かどうかはわかりません。

　そこで、この場面でAが申し立てることができるのは、処分禁止の命令そのものではなく、処分禁止の「仮」処分の申立てにな

● 処分禁止の仮処分

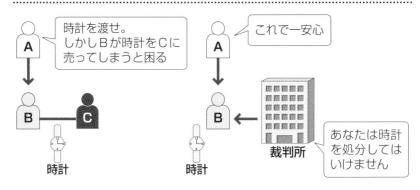

るというわけです。

■ 仮の地位を定める仮処分

　A会社の従業員Bが不当な理由で解雇されました。そこで、B
はA会社を相手どって、解雇無効確認訴訟を提起したとします。
ところが、この場合、A会社は自分たちが下したBの解雇という
決断が法的に正当であるということを全く疑っていません。です
から、解雇が言い渡された後、Bは会社で働くことができなくな
るので、当然に賃金（給料）をもらうこともできなくなります。
　しかも、本案訴訟の判決が確定するまでには、数か月かかるの
が通常です。そこで、Bとしては、その間の生活を保障してもら
う意味も込めて、判決が下るまでの賃金を保障してもらう手立て
を講じておきたいところです。
　その方法として、Bは、判決が確定するまで従業員としての地
位を会社に認めさせて、賃金が支払われるように裁判所に申し立
てることができます。これを従業員（労働者）の地位保全および
賃金仮払いの仮処分の申立てといいます。申立てが認められると、
BのA会社における従業員としての地位が保障されると同時に、
BはA会社に賃金の仮払いを請求することができるようになります。

■ 民事保全の概念を整理する

　民事保全とは、本案訴訟の判決を待っていたのでは、債権者の
権利の救済が困難になることから、裁判所が暫定的に債権者のた
めに救済措置をとっていく制度だといえます。
　なお、民事保全手続の特性として、「迅速性（緊急性）」「密行
性」「暫定性」などを挙げて説明していく考え方があります。
　しかし前述した個々の民事保全手続をみると、これらの特性が
すべてあてはまるわけではないことから、本書ではこの点につい

ての説明を割愛します。

民事保全の対象にならないもの

　民事保全は、民事訴訟の本案の権利を保全することを目的としています。ですから、そもそも本案の存在を予定していないものは民事保全の対象にはなりません。たとえば、民事執行法55条、77条は、競売不動産を不当に占有して競売を妨害している者がいる場合に、差押債権者や買受人などの申立てによって裁判所が占有の禁止などを命じることができると規定しています。しかし、これは単なる裁判所の執行命令にすぎず、差押債権者の具体的な本案の権利を実現しようとしているわけではありません。

　また、民事保全手続の多くは民事訴訟法の規定の準用（解釈によるあてはめ）によって行われますが、中には他の法令に保全手続を委ねているものもあります。たとえば、会社法、会社更生法、民事再生法、家事事件手続法の保全命令や、行政事件訴訟法に規定された執行停止命令などです。これらを**特殊保全**といいます。

　本書では、紙面の都合上、それぞれの手続についての説明は省きますが、ここでは、「民事保全の対象にならないもの」とはそ

● 仮の地位を定める仮処分

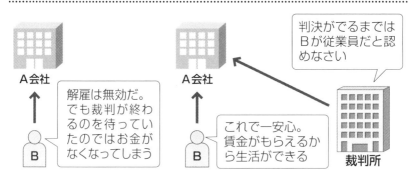

もそもどのような意味なのかについて補足しておきます。

　たとえば、行政事件訴訟法44条は、仮処分の排除について規定しています。つまり、行政庁が私人（個人）に対して行う処分（行政行為）や事実行為を仮処分の申立てによって阻止することは基本的に許されないということです。

　具体的には、感染症の患者に対して行政庁が入院措置をとった場合に、それが不当であるとして処分禁止の仮処分を申し立てることはできないというケースです。その代わりに、民事保全法ではなく行政事件訴訟法と25条が定める執行停止の申立てによって争う余地を認めています。執行停止命令の具体的な内容については、本書の目的とは異なるので説明を省略しますが、要は、すべての事件について民事保全法に基づく仮処分が認められているわけではなく、他の法令によって実現される権利もあるということを覚えておいてください。

　その他、民事保全の対象にならないものとして、日本の裁判所に本案の訴えを提起することができないときや、仮差押をすべき物または係争物が日本国内にないときは、保全命令の申立てができないことが挙げられます（民事保全法11条）。

● 民事保全の対象にならないもの

　　民事保全　　＝　　本案の権利の保全が目的

すべての事件が民事保全の対象になるわけではない

・民事執行法55条、77条の保全処分など、そもそも本案の存在を予定していないものは対象にはならない
・会社法の保全命令や行政事件訴訟法の執行停止命令など、他の法令に保全手続を委ねているものは対象にならない

どこに申し立てればよいのか

　民事保全の申立ては、本案を提起する前もしくは同時になされるのが一般的です。たとえば、本案が貸金返還請求訴訟で、保全命令事件が不動産の仮差押だとしましょう。その場合、申立先は本案の貸金返還請求訴訟を管轄する裁判所もしくは仮差押の対象物である不動産の所在地を管轄する地方裁判所になります。

　また、係争物（訴訟において争いとなる目的物）に関する仮処分の申立先は、本案の管轄裁判所もしくは係争物の所在地を管轄する地方裁判所になります。たとえば、建物の建築実行の禁止を求める仮処分の申立ては、本案の管轄裁判所の他、その建物の所在地を管轄する地方裁判所も申立先になります。

　仮の地位を定める仮処分については、たとえば、従業員としての地位保全および賃金仮払いの申立ての場合だと、本案の管轄裁判所である債務者の住所地、つまり会社の所在地を管轄する地方裁判所となります。

　以上のように、保全命令の申立先は法律上決まっており（専属管轄）、当事者の合意によって保全命令の申立先を決めること（合意管轄）を認めていません。もっとも、本案訴訟については当事者の合意によって管轄裁判所を決めることができます。そして、法律上は「本案の管轄裁判所」を保全命令事件の管轄とすることが認められているので、保全命令事件を専属管轄とした意味は薄れているといってよいでしょう。

■ 申立先を間違えた場合は

　申立先を間違えた場合、つまり、管轄違いの場合は、民事保全法によれば、裁判所の職権で必ず移送（裁判所が係属している事件を他の裁判所に移転させること）しなければならないことになっています。

　ただし、実務上は、裁判所書記官から債権者が管轄違いの指摘を受けた後で、自発的に申立てを取り下げて、管轄裁判所に申し立てることがほとんどです。

　このことから、管轄違いの申立てがなされたからといっても大きな問題ではありませんが、不明な点は裁判所に問い合わせてください。

■ 発令裁判所と執行裁判所の区別について

　民事保全手続は、保全命令手続と保全執行手続を区別して規定しています。そして、保全命令を発する裁判所を**発令裁判所**といい、保全執行を行う裁判所を**執行裁判所**といいます。

● 発令裁判所と執行裁判所

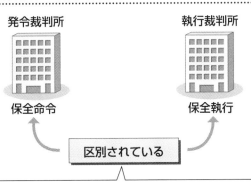

このあたりの区別はわかりにくいところですが、たとえば、本案の貸金返還請求訴訟において原告が勝訴判決を得た場合を考えてみてください。この場合、原告は本案の勝訴判決だけを根拠にして、当然に強制執行ができるわけではありません。勝訴判決を得た原告は被告に対して、いきなり強制執行をかける前に、まずは期限までに任意に弁済してもらうように手続を進めていくこともできるのです。

　ところが、それでも弁済しないときになってはじめて強制執行の申立てを行っていく、という選択肢もあることを考えてみればわかりやすいでしょう。これと同様の理由から、仮差押命令を発令した裁判所が当然に保全執行手続まで行っていくわけではありません。そのような意味から、両者は区別されて規定されているのです。

　なぜこのような区別がなされているかというと、日本の訴訟制度は、あくまでも「当人の自発的な意思を尊重する」という建前になっているからです。平易な言い方をすれば、裁判所は当人の望みに従って職務を行う立場であり、当人が望んでいないことを勝手に行うことはできないのです。ですから、債権者は「命令を出してくれ」と裁判所に申し立てて命令を得た後で、それとは別に「この命令を実現させてくれ」と言わなければならないこととされています。

　ただし、区別されているといっても、両者は密接な関係にあります。なぜなら、保全命令手続なくして保全執行手続を進めることはできないからです。つまり、保全執行手続は保全命令手続を前提にしているといえます。

　なお、発令裁判所が同時に執行裁判所となる場合には（ほとんどはこのケースですが）改めて保全執行の申立てをしなくてもよいとされていることを知っておいてください。

5 申請手続について知っておこう

すべては債権者の書類の提出からはじまる

■申立てに必要な書類を提出する

　債権者（民事保全では申し立てる側の人間です）は、下記の必要書類をそろえて、管轄裁判所に保全命令の申立てをします。

・申立書1通

　手数料として、1個の申立てにつき貼用印紙2000円を納める必要があります。

・資格証明書、不動産登記事項証明書（不動産仮差押の場合）、訴訟委任状（弁護士に委任した場合）、固定資産評価証明書（不動産仮差押の場合）、疎明資料の原本と写し各1部

　資格証明書は3か月以内に発行されたもの、不動産登記事項証明書は1か月以内に発行されたもの、固定資産評価証明書は最新のものを提出します。

■当事者から事情を聴く

　仮差押または係争物に関する仮処分については、裁判所は上記書類の審査だけで、申立ての可否を決めることができます。ただ、通常は債権者を呼び出して面接する場合がほとんどです。また、場合によっては、債務者を呼び出して面接することもあります（これを債務者審尋といいます）。

　なお、仮の地位を定める仮処分については、書面審査だけでなく、原則として口頭弁論または債務者が立ち会うことができる審尋を経なければならないとされています。仮の地位を定める仮処分が発令されると、債務者に重大な影響を及ぼすことから手続を

慎重にしなければならないというのがその理由です。

■ 担保の決定と提供

　保全命令の申立てに理由があると、裁判官が担保決定を行い、それが債権者に告知されます。担保とは、保全執行手続のために、いわば債権者が裁判所に納めなければならない手数料のようなものですが、本案で勝訴すれば、裁判所の決定を経て取り戻すことができます（担保取消しの手続）。

　債権者は、担保を登記所（法務局、地方法務局その支局および出張所を総称して登記所といいます）に供託（30ページ）して、供託正本とその写しを発令裁判所に提出します。担保提供期間内（一般的には7日）に延長申請をせずに提出しないと、保全命令の申立てが却下されることに注意が必要です。さらに、担保提供時あるいはその後に当事者目録、請求債権目録などの各種目録書類、登録免許税、郵便切手代などを提出する必要があります。

■ 保全命令の発令と執行手続

　担保提供が行われると、裁判所は保全命令を発令し、債権者に保全命令正本を送達します。債務者に秘密裏に進められる必要のある民事保全については、債務者には送達しません。しかし、たとえば、債務者に「道路工事を直ちに中止せよ」といった義務を課するような場合には、債務者への送達が必要になります。

　ただ、具体的な執行方法は対象ごとに異なります。たとえば、不動産の仮差押を行う場合は、占有者（債務者）を強制的に立ち退かせるのではなく、法務局（登記所）に登記を嘱託するか、強制管理の方法もしくはこれらを併用する方法によります（強制管理とは、債務者が家主として受け取っている賃料を差し押さえた上で、取り上げて各債権者に分けていく手続のことです）。

保全命令申立て後の不服申立ての種類

保全命令の申立て後に当事者に認められている代表的な不服申立てを以下に挙げておきます。申立てができる場合、誰が申し立てることができるのか把握しておいてください。

・即時抗告

保全命令の申立てを却下する裁判所の決定に対して、「債権者」に認められている不服申立てです。債権者は、却下の告知を受けてから2週間以内に申し立てなければなりません。

・保全異議と保全取消し

いずれも保全命令が発令された場合に「債務者」に認められている不服申立てです。

保全異議とは、保全命令の要件が存在しないとして、保全命令の取消しを求める場合をいいます。たとえば、借金が返せなくなって自宅の仮差押を受けた債務者が、保全命令発令前にすでに借金を弁済していることを主張しようとする場合です。

保全取消しとは、保全命令は一応有効に存在するが、その後に被保全権利または保全の必要性について発令時と異なる事情が生じたことなどを理由として、保全命令の取消しを求める場合をいいます。たとえば、前述の例で言えば、保全命令発令後に、「すでに借金を弁済しているから、債権者が主張している貸金債権は消滅している」という事実を主張しようとする場合です。

なお、ここで「債権者の主張している貸金債権」のことを被保全権利といいます。

・保全抗告

保全抗告とは、保全異議または保全取消しの申立てについての裁判に対する不服申立てのことです。債権者・債務者どちらからでも申し立てることができます。

保全手続きの際になぜ供託をするのでしょうか。

 　債権者が保全命令の発令を受けるには、担保を提供する必要があります。この担保は供託所に供託することになります。保全手続に際しては、供託の役割が欠かせません。

　供託とは、金銭や物品などを供託所に預けることをいいます。つまり、供託所（120ページ）という国家機関に預けた財産の管理をまかせ、預けた財産を受領する権限のある人が受けとることにより、目的を達成させる制度です。

　供託には①弁済のためにする供託（弁済供託）、②担保のためにする供託（保証供託）、③強制執行のためにする供託（執行供託）、④保管のための供託（保管供託）、⑤没取目的物の供託（没取供託）の5種類があります。

　保全命令の発令を受ける際に必要となる担保の供託は、保証供託になります。保証供託は担保供託とも言われ、相手（債務者）に供託物に対する優先弁済権を与えることで、相手（債務者）がこうむるかもしれない損害を担保する役割を持っています。

　供託の一般的な流れは、次のようになります。なお、金銭などの供託物を供託所に預ける者を供託者といい、預けられた供託物を受領する者を被供託者といいます。

　まず、供託者（債権者）が供託物を供託所に預けます。供託所は預かった供託物を保管します。その後、一定の条件（違法な保全執行であった場合など）があれば被供託者（債務者）が供託所から供託物を還付します。ただ、供託所から供託物を取り戻せるのは被供託者だけではありません。供託者も一定の条件（保全命令が適正であった場合など）を満たせば供託物を取り戻すことができます。

第2章

申立書の書き方

被保全権利と保全の必要性を疎明しなければならない

■ 「被保全権利の存在」を疎明する

16ページで述べたように、民事保全を理解していくには、具体的な事例をイメージしていくことが大切になります。そこで、これまでに挙げた事例をベースにして説明をしていきます。

以下で事例をおさらいしておきましょう。AがBに金を貸したが、Bは約束の期日になっても返そうとしません。Bは他にも数件借金を抱えており、唯一の財産は持ち家だけです。この状況では、いつ持ち家が処分されてもおかしくありません。そこで、Aは貸金返還請求訴訟を提起する前に、保全命令（不動産の仮差押）を申し立てました。

保全命令の申立ては、その趣旨、被保全権利、保全の必要性（疎明で足りる）を明らかにして行われなければなりません。

被保全権利とは、Aの主張する「保全すべき権利または権利関係」のことをいいます。本事例では、貸金債権を指します。保全の必要性については、次ページで説明します。

疎明とは、あまり聞きなれない言葉ですが、債権者の立場に立って定義すると、被保全権利があるという証拠を提出することによって、「債権者の言い分は、一応確からしい」と裁判官に認めさせる行為をいいます。本事例では、AがBとの金銭消費貸借契約書を提出することで、裁判官に「AはBに貸金債権があるのだな」と認めさせることができるでしょう。

なお、本事例の金銭消費貸借契約書のことを疎明方法といいます。ところで、裁判官に「債権者の言い分は確信がもてる」と認

めさせる行為を**証明**といいます。本案訴訟では、裁判官の心証が証明に達するまで証拠を提出して立証しなければいけません。ですから、契約書1通の提出だけでは証拠として不十分であると場合によっては判断されることもあるでしょう。

しかし、民事保全の段階では、原則として疎明で足りるので、本案訴訟ほど厳格に証拠を提出しなくても申立ては認められやすいでしょう。ですから、契約書1通を提出すれば、被保全権利の存在は、まず認められると考えてよいでしょう。

■ 「保全の必要性」を疎明する

保全命令は、本案訴訟の判決が出るまでに、債権者を暫定的に救済することを必要とする事情がある場合に限って発令されます。その事情を**保全の必要性**といいます。

「保全の必要性」は、民事保全の種類によって異なるので、以下ではそれぞれの種類に分けて説明をしていきます。

① **仮差押における保全の必要性**

債務者の責任財産（Bの持ち家のこと）の減少によって、金銭債権の強制執行が不能または著しく困難になるおそれのあることを疎明する必要があります。つまり、Bが唯一の財産である持ち家を売却してしまうと、貸金債権の強制執行をしても回収するこ

● 疎明と証明

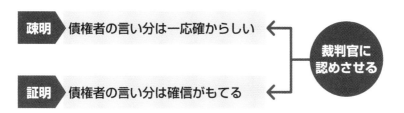

とが難しくなることをAが疎明しなければならないということです。

　ですから、もしBが持ち家の他に別荘を所有しているとか、その別荘にAがすでに抵当権を設定しているというような事情がある場合には、保全の必要性は認められないことになります。

② 　係争物に関する仮処分における保全の必要性

　係争物の現状が変更されることによって、債権者の権利の実行が不能または著しく困難になるおそれのあることを疎明する必要があります。

　アパートの大家Aが賃借人Bの賃料滞納を理由に契約を解除した事例で説明しましょう。Bは、契約解除後に建物を明け渡さないばかりか、暴力団員Cと転貸借契約を結んだとします。それが事実であれば、AのBに対する建物明渡請求を執行することが不能または著しく困難になることは明らかです。

　そこで、この場合のAは、賃貸借契約の解除後にBがCと転貸借契約を結んだという事実と、Cが暴力団員であることを疎明すればよいということになります。

③ 　仮の地位を定める仮処分における保全の必要性

　A会社が従業員Bを解雇した事例で理解しておくとよいでしょう。Bとしては、解雇によって雇用契約が解除されたことによる精神的苦痛や、将来の生活面の不安に直面しているなど、自己に著しい損害または危険を避ける必要性があることを疎明する必要があります。

■ 疎明には陳述書を提出して説得力を持たせた方がよい

　保全命令の中の仮差押と仮処分については、書面審理が原則となります。そこで、金銭消費貸借契約書や賃貸借契約書のような法律文書だけでなく、陳述書を提出した方がよいでしょう。

　陳述書とは、なぜ民事保全手続を利用するのかということにつ

いて、具体的事実や背景を述べながら細かに理由を記した書面のことです。法律家でない一般人が保全命令の申立てをするというのは、何かよほど深い事情があるものと考えられます。その深い事情から申立てに至った経緯を素直に書き連ねていけばよいのです。陳述書を提出することによって「保全の必要性」の疎明について、より説得力を持たせていくという方法は、実務上定着しているといってよいでしょう。

■ 執行対象物を確認する

　まず仮処分の場合ですが、たとえば、前述したアパートの事例や解雇の事例でも明らかなように、執行対象物が何かで迷うことはないでしょう。アパートの事例では当該アパートが、解雇の事例では解雇通告をしてきた会社が執行の対象になります。

　執行対象物の問題で調査と判断が難しいのは、債権を仮差押する場合です。債務者が会社や事務所だと、取引先を調査して売掛金や請負代金などを仮差押していく手続をとらなければなりません。その場合に、どの債権を対象にするかはケース・バイ・ケースで判断していくことになります。

　ただし、53ページでも説明しますが、債権の仮差押は、債務者に大きなダメージを与えてしまう可能性があることから、実務上は裁判所の方で慎重な対応をとっています。

　不動産の場合は、対象不動産の「住所」（住居表示）がわかっていても、「地番」がわからないと登記簿で調べることができません。住所と地番は全く別物と考えられており、土地の登記簿は住所ではなく地番で編成されているからです。

　そこで、当該不動産の管轄の登記所に置かれているブルーマップで地番を調べるのがよいでしょう。ブルーマップというのは、住宅地図に住居表示と地番が重ねて表示されている地図のことで

す。もっとも、法務局（登記所）で調べるのが面倒であれば、市区町村役場に問い合わせてみましょう。

■ 疎明資料及び添付書類をそろえる

保全命令を申し立てるには、申立書類の他に、疎明資料と添付書類をそろえて提出します。**疎明資料**というのは、被保全権利の存在及び保全の必要性を疎明する資料のことです。

たとえば、前述した貸金返還請求訴訟の場合だと、金銭消費貸借契約書を疎明資料として添付します。

他にも、念書（ある事項について、確認あるいは約束を記載した書類のことです。たとえば、「Aに金100万円を支払います」などと約束を書かせた書面のことをいいます）なども疎明資料となります。また、申立書の「疎明方法」の表示欄には号証番号を振らなければなりません。たとえば、金銭消費貸借契約書は「甲1」、念書は「甲2」などと番号を付していきます。

添付書類とは、保全命令の申立てに登場する債権者、債務者や、申立ての客体（たとえば、不動産の仮差押を申し立てる場合は、その不動産）の存在を証明するための資料のことです。

たとえば、不動産の場合は、不動産登記事項証明書などが添付書類になります。また、不動産の仮差押をする場合は、対象不動産の価額を証明しなければなりません。その場合は、市区町村の税務課で対象不動産の固定資産評価証明書の交付を受けて、それを添付書類として提出する必要があります。

実務上、不動産登記事項証明書は1か月以内に発行されたもの、固定資産評価証明書は最新のもので、双方ともに写しではなく証明書そのものを提出することになっています。

また、会社の存在を疎明するときは、資格証明書として商業登記事項証明書（3か月以内に発行されたもの）を添付書類とする

のが原則です。

　疎明資料と添付書類については細かい話が多いので、40ページで詳しく説明することにします。

保全命令を申し立てることができない場合もある

　債務者が破産手続開始決定を受けていると、保全命令の申立てをすることができません。破産手続開始決定がなされているかどうかは、債務者が会社などの法人の場合には、商業登記事項証明書に破産している旨の登記がなされていることから、比較的簡単に知ることができます。同様に、民事再生手続開始決定や特別清算開始命令（債務者が株式会社の場合）がなされていることも、その旨を登記から知ることができます。

● 保全命令申立て前の確認

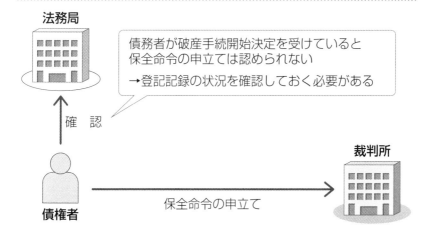

■ 申立書の用紙について

　申立用紙は、Ａ４判を使用し、数ページに及ぶときはホッチキスでとめるので、用紙の左側を３センチほど空けて記載します。文字の大きさは、12ポイントが望ましいでしょう。ただし、標題だけは、14ポイント以上と表示を大きくします。

■ 申立書の記載事項について

　保全命令の申立書に記載しなければならない事項については、民事保全規則13条などに定められているとおりです。そこで、以下では同規則の内容に沿って説明していくことにします。

・標題の記載

　たとえば、不動産の仮差押を申し立てる場合は、「不動産仮差押命令申立書」などと、執行対象物を明示して標題を記載します。

・年月日の表示

　申立書の作成日もしくは申立日のいずれを記載してもかまいませんが、実務では申立日を記載するのが一般的です。

・申立先裁判所の表示

　たとえば、東京地方裁判所立川支部のように、支部の裁判所に申し立てる場合は、支部名まで記載します。また、申立先は、申立先裁判所の「民事部」になります。

・債権者もしくは代理人の表示

　氏名の欄には必ず押印する必要があります（認印でも可）。裁判所に提出する書類は、原則としてすべて押印が要求されます。

その際は、すべての書類に同一の印鑑を使用する必要があります。書類ごとに異なった印鑑を用いると、同一性の確認のために、裁判所の方から印鑑証明書の添付を要求されることがあります。

・**当事者の表示**

　当事者の氏名または名称、住所を記載します。また、代理人を立てているときは、代理人の氏名、住所を記載します。ただし、これらの表示は、実務上、別紙として作成する「当事者目録」を引用する形にして、「別紙当事者目録記載のとおり」と記載するのが一般的です。

・**請求債権の表示**

　債務者に対して、どのような請求をしていくのかを具体的に特定して記載する必要があります。ただ、この点も上記と同様に、別紙として作成する「請求債権目録」を引用する形にして、「別紙請求債権目録のとおり」と記載するのが一般的です。

・**申立ての趣旨**

　どのような保全命令を求めるのかを記載します。たとえば、不動産仮差押の場合だと、「債権者の債務者に対する上記請求債権の執行を保全するため、債務者所有の別紙物件目録記載の不動産は、仮に差し押さえる。との裁判を求める」と決まった書き方になります。詳しい内容については、該当する各々の書式例を参照してください。

・**申立ての理由**

　「被保全権利」と「保全の必要性」の２点を具体的に記載していきます。申立書の核心部分といってよいでしょう。

・**疎明方法**

　申立ての理由で記載した事項を疎明する証拠（疎明資料）を記載します。疎明資料には「甲１」「甲２」などと号証番号を付して記載します。

・添付書類

　資格証明書や固定資産評価証明書などを提出する必要がある場合には、その旨を記載する必要があります。

■ 申立手数料はどうなっているのか

　保全命令を申し立てるには、申立書に手数料として貼用印紙を貼る必要があります。申立額は1個の申立てにつき、1個の手数料として2000円を納めなければなりません。

■ 疎明資料について

　疎明資料とは、被保全権利および保全の必要性を疎明する証拠をいいます。以下の説明は36ページと内容が一部重複しますが、確認する意味で、ここでもう一度おさらいしておきます。

　疎明資料は、通常、書証を提出することになります。たとえば、金銭消費貸借契約書や不動産登記事項証明書などです。その他に、陳述書の提出も検討すべきであるということは、34ページで述べたとおりです。

　各々の書証は、申立書に甲1、甲2などと番号を振って記載し、その写しを添付して提出することになります。なお、各種登記事項証明書については、原則として1か月以内に発行されたものを裁判所から要求されます（種類によっては3か月以内のものもあります）。

　やや専門的な話になりますが、疎明とは「それらしい事実がある」と裁判所に認めさせる程度のものとされています。それに対して証明とは「この事実が確かにある」と裁判所に確信させるものであり、両者を比較すると、疎明は幾分かハードルが低いといえます。

　本来であれば、裁判所という国家権力を動かすことは個人の権

利に大きく影響するので、確かな証拠等が求められます。しかし民事保全では、債務者の財産を迅速に保全しなければならず、債権者が確かな証拠等を準備している時間がないケースがほとんどです。ですから裁判所に、保全する必要があることを疎明して、"とりあえず" 保全手続きを行うことが認められているのです。

■ 添付書類について

債権者または債務者が相続人である場合は、被相続人の出生時から死亡時に至るまでの戸籍謄本および相続人らの戸籍謄本の提出が必要になります。同様に、遺言執行者や相続財産管理人らについても、そのことを証する書面の提出が必要です。

● 添付書類

登記済みの日本船舶	a 登記事項証明書
登記済みの小型船舶	a 小型船舶登録原簿謄本など
未登記の日本船舶	a 固定資産税の納付証明書 b 船舶件名書謄本、船舶製造地を管轄する登記所の登記簿に、その船舶に関する登記がないことを証する書面など
航空機	a 航空機登録原簿謄本など
自動車	a 自動車登録ファイルに記録されている事項を証明した書面など
建設機械	a 登記事項証明書など
電話加入権	a 電話会社の電話加入権に関する帳簿に記載されている事項を証明した書面
著作権・特許権などの権利の移転につき登記または登録を要するその他の財産	a 登記事項証明書または登記原簿に記載されている事項を証明した書面など

不動産に関する仮差押、仮処分の申立ては、以下の書証の提出が必要です。

　まず、登記された不動産については、固定資産評価証明書と登記事項証明書が必要になります。ただし、登記簿の表題部に記載されている者が債務者以外である場合には、その不動産が債務者の所有物であることを証する書面の提出が必要です。

　未登記の不動産については、土地と建物とで提出書類が異なります。土地については、固定資産評価証明書、固定資産税の納付証明書、土地所在図、地積測量図などを提出しなければなりません。次に、建物については、固定資産評価証明書、固定資産税の納付証明書、建物の図面、各階平面図などを提出することになります。

　また、仮差押もしくは仮処分が、船舶、航空機、自動車、建設機械、電話加入権その他の財産権を対象とする場合にも、それぞれに該当する書面の提出が必要になります。

　各々の場合に、最低限提出しなければならない代表的な書面を前ページに挙げておきました。

　次に、債権者、債務者、第三債務者が法人の場合は、商業登記事項証明書を提出します。第三債務者というのはわかりにくい言葉ですが、たとえば、AがB銀行に預金していて、Aの債権者Cが預金を差し押さえた場合、Cから見てB銀行は第三債務者になります。他にも、たとえば、AがBに対して貸金債権を持っている場合に、BがCに対して売掛金債権を持っていたとします。このときに、Aが当該売掛金債権を仮差押した場合、Aから見たCを**第三債務者**といいます。

　なお、債務者の現住所と、提出した疎明資料に記載されている住所とが異なる場合は、債務者の住民票を、法人の場合は商業登記事項証明書などを提出する必要があります（同一性の証明）。

特別代理人を選任するのはどのような場合でしょうか。

　　　保全命令の手続で特別代理人を選任する必要がある場合は、
　　　２通りあります。１つは、債権者である法定代理人が、本人
を債務者として保全命令を申し立てている場合に、債務者のために選
任する場合です。

　たとえば、債権者が父親で、債務者が未成年の子どもだとします。
この場合に、法定代理人である父は、未成年の子どものための**特別代
理人**を選任して、その者を相手に保全命令を申し立てていく必要があ
ります。

　もう１つは、代表取締役などが欠けている法人を債務者として保全
命令を申し立てている場合に、その債務者のために選任する場合があ
ります。たとえば、Ａ会社がＢ会社に対する売買代金（売掛金債権）
の未払いを理由に、Ｂ会社が第三者に持っている売掛金債権について
仮差押を申し立てたとします。このＡ会社の保全命令の申立時に、債
務者であるＢ会社の代表取締役が死亡していた場合、Ｂ会社の特別代
理人を選任するようにＡ会社は裁判所に申し立てることができるとい
うわけです。なお、申立費用として500円分の収入印紙が必要になり
ます（**書式１**）。

　ただし、このような申立手続では時間がかかることから、通常は、
債権者Ａが特別代理人となる弁護士を探してきて裁判所に推薦してい
くという手続が採られることになります。

　この方法で選任手続をとった場合は、次の点に注意してください。
債権者が特別代理人の選任手続をとる場合、本来であれば特別代理人
に支払う報酬金を裁判所に予納しなければなりません。

　しかし、以上に述べた推薦方式で裁判所に手続を依頼した場合は、
債権者と特別代理人との間で報酬に関する特約を結んでいるのが通常

です。

　そこで、この場合には債権者が裁判所に報酬金を予納する必要がなくなります。なお、この方法を裁判所に納得させるために、特別代理人から報酬放棄書を提出させておく必要があります。

● 特別代理人の選任

特別代理人選任申立書

令和○年11月7日

東京地方裁判所民事第９部　御中

　　　　　　　債　権　者　　A株式会社　㊞
　　　　　　　債　務　者　　B株式会社

申立ての趣旨
　上記当事者間の御庁令和○年（ヨ）第○○○○号債権仮差押命令申立事件について、債務者会社の特別代理人の選任を求める。

申立ての理由
１　申立人は、B株式会社に対して下記の製品を売り渡した。
　　　　　　　　商品：パソコン200台
　　　　　　　　代金：600万円
　　　　　　　　契約日：令和○年３月25日
　　　　　　　　支払日：同年７月15日

２　ところが、申立人の再三の催告にもかかわらず、同年10月31日になっても、B株式会社は全く支払おうとしない。

３　申立人は上記債権を回収するため、B株式会社に対する売掛金請求訴訟を提起しようとしているが、その前に債権仮差押の申立てを検討している。

４　B株式会社は同年10月15日に１回目の手形の不渡りを出して以来、営業活動は事実上停止状態にある。その５日後の10月20日に代表取締役乙山次郎が死亡したが、その後代表取締役の選任はなされていない。

５　こうした状況の下、仮代表取締役の選任を待っていたのでは損害を受けるおそれがあるので、本申立てをするものである。

証　明　方　法
甲１の１、２　　請求書　　　　　　　　　　　２通
甲２　　　　　　約束手形　　　　　　　　　　１通
甲３　　　　　　死体検案書　　　　　　　　　１通
甲４　　　　　　不渡り証明　　　　　　　　　１通

添　付　書　類
証明方法写し　　　　　　　　　　　各１通

第２章　申立書の書き方

■ 不動産仮差押命令申立書作成の際の注意点

　仮差押の代表的な執行対象物は、大きく分けると不動産、債権、動産になります。ここでは、それらの執行対象物ごとに、申立書作成の際の注意点を説明します。まずは、不動産の場合を見ていきましょう。

　申立用紙や記載事項の大まかな説明については、38ページを参照していただくとして、ここではそれ以外の注意点を述べていきます。

　まず、債務者の不動産を仮差押するには、債権者の被保全権利が金銭債権でなければなりません。たとえば、債務者に対して持っている被保全権利が貸金債権や売掛金債権であれば問題ありません。また、交通事故などの不法行為における損害賠償請求権のような、当事者同士の契約によらないで発生する金銭債権も含まれます。しかし、「その不動産を引き渡せ」という物の引渡請求権を被保全権利として仮差押をすることはできません。

　次に、この金銭債権は、今はまだ権利として存在していなくても、将来成立する権利であると認められる場合でもよいとされています。たとえば、保証人の主債務者に対する将来の求償権（他人のために支出をした者が、本来債務を負担すべき者に対して持っている権利のこと。たとえば、連帯保証人が債務者の代わりに支払ったときや、2人以上の者による共同不法行為の損害賠償をそのうちの1人が全額支払ったときに発生する）が当てはまります。求償権とは、実際にお金を支払った時点で発生する権利で

すので、それが実際に支払われるまでは存在していない権利なのですが、保証人等のリスク等を考えて特別に認められています。

　ただし、被保全権利があっても、保全の必要性の疎明が不十分だと裁判所に判断されると、申立てが却下されてしまいます。

　そして、不動産の仮差押が認められた場合に、どのような執行方法があるかというと、民事保全規則では２つの方法を認めています。１つは、仮差押の登記を設定する方法で、もう１つは、強制管理の方法です。強制管理とは、28ページでも述べましたが、債務者が受け取っている賃料などを取り上げる手続です。

　そこで、もし仮差押の対象不動産が債務者の賃貸物件であれば、２つの方法を併用して申し立てていく方法が考えられます。その場合には、たとえば、申立ての理由に「仮差押の登記と強制管理の併用」と題して、「債権回収のために強制管理の方法によるのが本件では実効性がある」旨を記載すればよいでしょう。

　なお、不動産仮差押命令の申立てをする場合には、仮差押をする不動産の物件目録を作成する必要があります。

　提出する書類の作成に関して、申立書（**書式２**）には、申立ての趣旨として債務者の不動産を仮差押する旨を記載します。その上で、申立ての理由として、被保全権利と保全の必要性を記載します。被保全権利は、債務者に対する債権を契約内容に沿って記載していきます。保全の必要性は、仮差押をしなければ、債権回収に支障がでる旨を記載します。

　当事者目録には、債権者と債務者の氏名名称と住所を記載し、請求債権目録には、債務者に対する債権として、元金（元本）、利息、遅延損害金などを記載します。

　物件目録は、登記事項証明書の表題部の記載に沿って記載することになります。書式２では、土地と建物それぞれの共有持分の２分の１を仮差押の対象にしています。

書式２　不動産仮差押命令申立書

不動産仮差押命令申立書

収入
印紙

令和○年○月○日

東京地方裁判所民事第９部　　御中

　　　　当事者の表示　　　別紙当事者目録記載のとおり
　　　　請求債権の表示　　　別紙請求債権目録記載のとおり

申立ての趣旨

　債権者の債務者に対する上記請求債権の執行を保全するため、債務者所有の別紙物件目録記載の不動産は、仮に差し押さえる。
　との裁判を求める。

申立ての理由

第１　被保全権利
　１　継続的広告取引契約及び根保証契約の成立
　⑴　債権者は、令和○年○月○日、申立外株式会社○○○○（申立外会社）との間において、同社の商品である○○（医療器具）の通信販売に関する雑誌広告について 継続的広告取引契約を締結した（甲７）。
　⑵　債務者は、前同日、債権者に対し、上記継続的広告取引契約に基づき申立外会社が債権者に対して現に負担し、又は、将来負担することあるべき一切の債務について、下記の限度額及び保証期間を定めて、これを保証し、申立外会社と連帯して支払う旨約した（甲１ないし４、７）。

記

【1】　保証限度額　金○○○○万円

【2】　保証期間　　令和○年○月○日

2　広告代金債権の発生と不履行

　⑴　債権者は、令和○年○月から同年○月までの間に、前記継続的広告取引契約に基づき広告を実施し、申立外会社に対し合計金○○○○万円の広告代金債権を有しその決済のため、申立外会社より別紙受取手形一覧表記載のとおり同社振出の約束手形を受け取った（甲7）。

　⑵　ところが、同受取手形一覧表1及び2記載の手形が不渡りとなり（甲5の1～3、6の1～3）、申立外会社は事実上倒産するに至ったので、広告代金合計金○○○○万円が未収となっている（甲7）。

3　被保全権利のまとめ

　　そこで、債権者は、第1項の根保証契約に基づき、連帯保証人である債務者に対し、保証限度額である金○○○○万円について連帯保証債務履行請求権を有するが、そのうち別紙受取手形一覧表記載の手形額面に相当する金○○○○万円を被保全権利とする。

第2　保全の必要性

1　債務者は、肩書住所地において○○科の医院を経営する医師であり、同所に医院及び自宅の建物と数筆の土地を所有あるいは共有しているが、上記不動産のうち所有の不動産については、令和○年○月○日付けにて、申立外有限会社○○商事のため、申立外会社を債務者とする極度額○億円の根抵当権が設定されているほか、代物弁済予約を原因とする所有権移転請求権仮登記が経由されており、その他にも多額の担保が設定されている（甲8ないし13）。

2　債務者は、申立外会社のため本件債務のほかにも多額の保証を

しており、このまま推移すれば、上記各不動産のうち別紙物件目
録記載の共有の自宅土地・建物（本件不動産）をも何時処分する
やもしれない状況にある（甲7）。
3 　したがって、今のうちに本件不動産に対し仮差押えをしておか
なければ、後日本案訴訟で勝訴判決を得てもその執行が不能又は
著しく困難になるおそれがあるので本申立てに及ぶ次第である。

疎　明　方　法

甲1号証	根保証契約書
甲2号証	印鑑証明書
甲3号証	印鑑証明書
甲4号証	会社登記事項証明書
甲5号証の1～3	約束手形
甲6号証の1～3	約束手形
甲7号証	報告書
甲8号証	土地登記事項証明書（申立外会社）
甲9号証	建物登記事項証明書（申立外会社）
甲10号証	土地登記事項証明書
甲11号証	建物登記事項証明書
甲12号証	土地登記事項証明書
甲13号証	土地登記事項証明書

添　付　書　類

甲号証	各1通
固定資産評価証明書	2通
資格証明書	1通

当 事 者 目 録

〒○○○-○○○○　東京都千代田区有楽町○丁目○番○号

　　　　　　　債　権　者　　○○○株式会社

　　　　　　　　　　　　　　　代表者代表取締役　○　○　○　○

〒○○○-○○○○　東京都○○区○○町○丁目○番○号

　　　　　　　債　務　者　　○　○　○　○

請 求 債 権 目 録

金○○○万円

　ただし、債権者が申立外株式会社○○○○（申立外会社）に対して
有する下記債権について、債権者と債務者間の令和○年○月○日付け
連帯根保証契約に基づき、債権者が債務者に対して有する金○○○○
万円の連帯保証債務履行請求権の内金

記

　債権者と申立外会社間の令和○年○月○日付け継続的広告取引契約
に基づき、令和○年○月○日から同年○月○日までの間に発生した広
告代金債権○○○○万円

受 取 手 形 一 覧 表

	振 出 日	額 面	支 払 期 日
1	令和○年○月○日	金○○万○○○○円	令和○年○月○日
2	上記同	金○○万○○○○円	同年同月○日
3	上記同	金○○万○○○○円	同年同月○日
4	同年同月○○日	金○○万○○○○円	同年同月○日
5	上記同	金○○万○○○○円	同年同月○日

物 件 目 録

1　所　　在　　東京都○○区○○町○丁目

　　地　　番　　○○番

　　地　　目　　宅地

　　地　　積　　○○．○○平方メートル

　　この共有持分2分の1

2　所　　在　　東京都○○区○○町○丁目○○○番地○

　　家屋番号　　○○○番○

　　種　　類　　居宅

　　構　　造　　木造かわらぶき2階建

　　床 面 積　　1階　○○．○○平方メートル

　　　　　　　　2階　○○．○○平方メートル

　　この共有持分2分の1

4 債権仮差押命令申立書の書き方を知っておこう

慎重な運用がなされている

■ 債権仮差押命令申立書作成の注意点

　債権仮差押命令申立書の書式3・書式4・書式5は、仮差押の対象となる債権が異なっています。

　書式3は、A会社が、Bに対して持っている売掛金債権の未払いを理由に、BがC銀行に対して持っている預金債権の仮差押を申し立てた事例を基にしています。**書式4**は、DがE社に勤務する会社員Fが持っている給料債権の仮差押をした事例を基にしています。これら2つの事例の債権は、よく仮差押の対象となる債権です。**書式5**は、Gが、Hに対して持っている売掛金債権を保全するために、HがIに対して持っている売掛金債権について仮差押の申立てを行う事例です（次ページ図）。

　債権の仮差押は、前述した不動産の仮差押と異なり、仮差押を受けたB・会社員F・Hの社会的なマイナスイメージはかなり大きいと言わざるをえません。とくにBの場合、預金債権が仮差押を受けると期限の利益（期限が到来するまでの間、債務を弁済しなくてもよいこと）を喪失するので、以後銀行との取引は不可能となるでしょう。そこで、実務上は裁判所の方から、債務者が他に財産を持っていないかどうかを確認するために、債務者の不動産登記事項証明書などの提出を債権者に求めることがあります。つまり、もし債務者が不動産を所有しているようであれば、債権の仮差押ではなく、不動産を仮差押の目的物にするように裁判所から指導を受けることになる場合もあるということです。

　なお、債権の仮差押においては、当該債権以外に仮に差し押さ

えるべき財産がない状況にあることを疎明する必要があるので、債務者の住所または本店及び登記された支店の所在地の不動産登記事項証明書や、当該住所地（本店所在地など）の住居表示と不動産登記記録上の所在地との一致を立証するためのブルーマップなどを提出する必要があります。

■ 預金債権の債権仮差押命令申立書（書式３）

　債権仮差押とは、債務者が第三債務者（債務者に対して債務を負っている人）に対して持っている債権を仮に差し押さえることです。申立ての趣旨として、債務者の第三債務者に対する債権を仮差押する旨を記載します。その上で、申立ての理由として被保全権利と保全の必要性を記載します。被保全権利は、債務者に対する債権を契約内容に沿って記載します。保全の必要性は、仮差押をしなければ、債権回収に支障がでる旨を記載します。

● 書式３〜５の事例

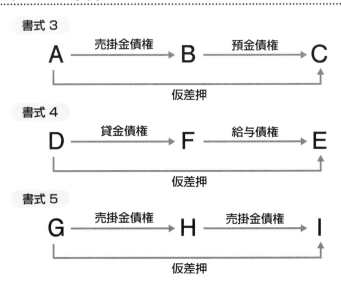

・当事者目録（60ページ上段）

　債権者と債務者の氏名・名称や住所を記載します。その他に第三債務者の記載もします。

・請求債権目録（60ページ下段）

　債務者に対する債権（請求債権）として、元金（元本）、利息、遅延損害金などを記載します。

・仮差押債権目録（61ページ）

　債務者が第三債務者に対して持っている債権を記載します。仮差押の順序などを記載することがあります。

給与債権の債権仮差押命令申立書（書式４）

　書式３の場合と基本的には同様です。申立ての趣旨として、債務者の第三債務者に対する債権を仮差押する旨を記載し、申立ての理由として、被保全権利と保全の必要性を記載します。

・当事者目録（64ページ）

　債権者と債務者、第三債務者の記載をします。

・請求債権目録（65ページ上段）

　書式４の事例では、請求債権は貸金債権であるため、金銭消費貸借契約の具体的内容を記載し、元金と遅延損害金の合計額を記載します。

・仮差押債権目録（65ページ下段）

　書式４の事例では、仮差押債権は、債務者の第三債務者に対する給与債権です。仮差押債権目録には、仮差押をする債権の内容を記載します。給与や賞与は、原則として税金や社会保険料などを除いた額の４分の１までしか、差押えの対象とすることができない点は気をつけておく必要があります。もっとも、手取額が44万円を超える場合は、その手取額から一律33万円を差し引いた額を差し押さえることができます（149ページ図参照）。

■ 売掛金債権の債権仮差押命令申立書（書式５）

　申立書の表紙には、申立ての趣旨として、債務者の第三債務者に対する債権の仮差押をする旨を記載し、申立ての理由として、被保全権利と保全の必要性を記載します。

・当事者目録（68ページ上段）

　債権者と債務者、第三債務者の記載をします。

・請求債権目録（68ページ中段）

　書式５の事例では、請求債権は売掛金債権であるため、売買契約の内容を記載し、元金と遅延損害金の合計額を記載します。

・仮差押債権目録（68ページ下段）

　書式５の事例では、仮差押債権は、債務者の第三債務者に対する売掛金債権です。仮差押債権目録には、仮差押の対象となる売掛金債権の範囲を「令和○年○月○日から令和○年○月○日の間に取得した売掛金債権のうち、支払期の早いものから」といった形で記載します。

■ 第三債務者に対する陳述催告の申立書

　陳述催告は、万一その債権が存在しない場合には、債権者は改めて他の財産に仮差押する必要もあるので、仮差押がその目的を達したかを確認するために行われます。

　陳述催告の申立ては、遅くとも供託書正本の写しを提出するまでに行われます。これは、第三債務者に対する債権の存否等の陳述の催告は、仮差押命令を送達するに際し、行わなければならないとされているからです。陳述催告の申立てがあると、裁判所書記官は、第三債務者に対し、仮差押命令正本と一緒に陳述催告書（次ページ参考書式）を送達します。

Q 養育費不払いへの対抗手段として仮差押がなじまないのはなぜでしょうか。

A 　子どものいる夫婦が離婚する場合、離婚時に話合いや調停などで決める養育費（子どもを扶養するための費用）の負担をめぐってトラブルになることもあります。養育費請求権も債権ですが、養育費の金額は、保有している財産ではなく収入によって決めるので、財産の保全はあまり問題になりません。

　養育費の不払いに対しては、一般の金銭債権の取立てと同様の措置をとることが可能です。養育費を支払わない場合、口頭や内容証明郵便の送付によって請求し、相手の出方を見ることになりますが、一向に支払わない場合は強制執行といった法的措置を検討することになるでしょう。なお、裁判所の手続で取り決められた養育費の支払がない場合は、家庭裁判所から支払を勧告してもらうことができます（履行催告）。

✎ **参考書式　第三債務者に対する陳述催告の申立書**

令和○○年（ヨ）第○○○○号

第三債務者に対する陳述催告の申立書

令和○年○○月○○日

東京地方裁判所民事第9部　御中

債権者　　○　　○　　○　　○　　㊞

　債権者は，本日，御庁に申し立てた下記当事者間の債権仮差押命令申立事件について，御庁から第三債務者に対し，民事保全法５０条５項，民事執行法１４７条１項に規定する陳述催告をされるよう申し立てる。

当事者の表示　　債　権　者　　○　○　○　○
　　　　　　　　債　務　者　　○　○　○　○
　　　　　　　　第三債務者　　○　○　○　○

債権仮差押命令申立書

収入
印紙

令和○年○月○日

東京地方裁判所民事第９部　御中

債　権　者　　　○　　○　　○　　○　　㊞

当事者の表示　　　別紙当事者目録記載のとおり
請求債権の表示　　別紙請求債権目録記載のとおり

申立ての趣旨

　債権者の債務者に対する上記請求債権の執行を保全するため、債務者の第
三債務者に対する別紙仮差押債権目録記載の債権は、仮に差し押さえる。
　第三債務者は、債務者に対し、仮差押えに係る債務の支払をしてはならない。
との裁判を求める。

申立ての理由

第１　被保全権利
　１　債権者は、申立外○○○○に対し、令和○年○月○日、弁済期を同年
　　○月○日、利息を年○○パーセント、遅延損害金を年○○パーセントと
　　定めて、金２００万円を貸し付けた（甲１の１）。
　２　債務者は、債権者に対し、同年○月○日、申立外○○○○の債権者に
　　対する支払債務の履行を連帯して保証した（以下「本件連帯保証契約」
　　という。甲１の１、２）。
　３　申立外○○○○は、弁済期日の同年○月○日が到来しても上記債務を
　　履行しないし、連帯保証人である債務者も、その支払を拒絶している。
　４　よって、債権者は、債務者に対し、本件連帯保証契約に基づき金２０
　　０万円並びにこれに対する約定の利息及び損害金の支払請求権を有する。

第２　保全の必要性
　１　主債務者の申立外○○○○は、著しい債務超過状態に陥っていて、所
　　有不動産（甲２の１ないし３）には固定資産税評価額（甲３の１、２）
　　を大幅に上回る根抵当権が設定されており、他にめぼしい資産はない。
　　したがって、債権者が申立外○○○○から本件債務の弁済を受けられる
　　見込みはなく、債権者は、債務者に対して連帯保証債務の履行を求める

ため訴訟を提起すべく準備中である。

2　債権者は、令和○年○月○日に債務者に到達した内容証明郵便により、上記貸金の返済を請求したところ（甲4の1、2）、債務者から、勤務先の□□株式会社を解雇されて現在定職はなく、債権者に返済する余裕がないという回答を得た（甲5）。また、債権者が調査したところ、債務者の住居は借家であり、債務者所有の不動産はない（甲6の1ないし3）。

3　債務者は、債権者以外にも多くの債務を負担している様子であり、第三債務者に対する預金債権しか見るべき資産はない（甲7）。しかし、これも現在の債務者の生活状況からすればいつ引き出されるかも分からない状況にあり、債権者が後日本案訴訟において勝訴判決を得ても、その執行が不能あるいは著しく困難となるおそれがあるので、執行保全のため、本申立てに及ぶ次第である。

疎　明　方　法

甲1号証の1	金銭消費貸借・連帯保証契約書
甲1号証の2	印鑑登録証明書（債務者のもの）
甲2号証の1	不動産登記事項証明書（申立外○○○○所有土地）
甲2号証の2	同（申立外○○○○所有建物）
甲2号証の3	ブルーマップ写し
甲3号証の1	固定資産税評価証明書（申立外○○○○所有土地）
甲3号証の2	同（申立外○○○○所有建物）
甲4号証の1	内容証明郵便
甲4号証の2	配達証明
甲5号証	手紙
甲6号証の1	不動産登記事項証明書（△△△△所有土地）
甲6号証の2	同（△△△△所有建物）
甲6号証の3	ブルーマップ写し
甲7号証	報告書

添　付　書　類

甲号証	各1通
資格証明書	1通
陳述催告の申立書	1通

第2章　申立書の書き方

当　事　者　目　録

〒○○○－○○○○　東京都○○区○○町○丁目○番○号（送達場所）

債　権　者　　　　○　○　○　○

電話（○○）○○○○－○○○○
FAX（○○）○○○○－○○○○

〒○○○－○○○○　○○県○○市○○町○丁目○番○号

債　権　者　　　　○　○　○　○

○○県○○市○○町○○丁目○番○号

第三債務者　株式会社○○銀行
上記代表者代表取締役　○　○　○　○

（送達先）
〒○○○－○○○○　東京都○○区○○町○丁目○番○号
株式会社○○銀行○○支店

請　求　債　権　目　録

金２００万円

　ただし、債権者が申立外○○○○に対して有する下記債権について、債権者と債務者間の令和○年○月○日付け連帯保証契約に基づき、債権者が債務者に対して有する連帯保証債務履行請求権のうち元金部分の履行請求権

記

　債権者は、申立外○○○○に対し、令和○年○月○日、弁済期を同年○月○日、利息を年○○パーセント、遅延損害金を年○○パーセントと定めて、金２００万円を貸し付けた。

仮 差 押 債 権 目 録

金２００万円

　ただし、債務者が第三債務者（○○支店扱い）に対して有する下記預金債権のうち、下記に記載する順序に従い、頭書金額に満つるまで

記

1　差押えや仮差押えのない預金とある預金があるときは、次の順序による。
　⑴　先行の差押え、仮差押えのないもの
　⑵　先行の差押え、仮差押えのあるもの

2　円貨建預金と外貨建預金があるときは、次の順序による。
　⑴　円貨建預金
　⑵　外貨建預金（仮差押命令が第三債務者に送達された時点における第三債務者の電信買相場により換算した金額（外貨）。ただし、先物為替予約がある場合には、原則として予約された相場により換算する。）

3　数種の預金があるときは次の順序による。
　⑴　定期預金
　⑵　定期積金
　⑶　通知預金
　⑷　貯蓄預金
　⑸　納税準備預金
　⑹　普通預金
　⑺　別段預金
　⑻　当座預金

4　同種の預金が数口あるときは、口座番号の若い順序による。
　なお、口座番号が同一の預金が数口あるときは、預金に付せられた番号の若い順序による。

債権仮差押命令申立書　　　　　┌─────┐
　　　　　　　　　　　　　　　　　　　　　　　│収 入│
　　　　　　　　　　　　　　　　　　　　　　　│印 紙│
　　　　　　　　　　　　　　　　　　　　　　　└─────┘

　　　　　　　　　　　　　　　　令和○年11月7日

東京地方裁判所民事第9部　御中

　　　　　　　　　　債　権　者　　　D　㊞

　　　　　当事者の表示　　　別紙当事者目録記載のとおり
　　　　　請求債権の表示　　別紙請求債権目録記載のとおり

　　　　　　　　　　申立ての趣旨

　債権者の債務者に対する上記請求債権の執行を保全するため、債務者の
第三債務者に対する別紙仮差押債権目録記載の債権は、仮に差し押さえる。
第三債務者は、債務者に対し、仮差押に係る債務の支払をしてはならない。
との裁判を求める。

　　　　　　　　　　申立ての理由

第1　被保全権利
　1　債権者は、債務者に対し、令和△年9月30日、弁済期を翌年2月25
　　日、利息を年15パーセント、遅延損害金を年20パーセントと定めて、金
　　100万円を貸し付けた（本件契約）（甲1の1）。
　2　債務者は、弁済期日の翌年2月25日が到来しても上記債務を履行しない。
　3　よって、債権者は、債務者に対し、本件消費貸借契約に基づき金100万
　　円並びにこれに対する約定の利息及び遅延損害金の支払請求権を有する。
第2　保全の必要性
　1　債権者は上記1、3項の権利を実現するため、貸金返還請求訴訟を御
　　庁に提起すべく準備中である。

2　債務者は、債権者以外にも消費者金融数社から借り入れがあり、著しい債務超過状態に陥っている（甲5）。

3　債権者は、令和△年3月1日に支払いの催告書を通知し（甲4の1）、さらに、同年3月25日に内容証明郵便により上記貸金の返済を請求したが、債務者からの連絡はなかった（甲4の2、3）。

4　債権者が調査したところ、債務者の住居は借家であり、債務者所有の不動産はない（甲2の1、2、甲3の1、2）。また、訴外連帯保証人のEにも支払いの催告書を通知したが（甲4の4）、現在行方不明のようである（甲5）。

5　債務者には、第三債務者に対する給与債権しか見るべき資産はない（甲5）。しかし、これも現在の債務者の生活状況からすればいつ消費されるかも分からない状況にあり、債権者が後日本案訴訟において勝訴判決を得ても、その執行が不能あるいは著しく困難となるおそれがあるので、執行保全のため、本申立てに及ぶ次第である。

疎　明　方　法

甲1の1	金銭消費貸借契約書
2	印鑑登録証明書（債務者のもの）
甲2の1	不動産登記事項証明書（丙川虎男所有土地）
2	同（丙川虎男所有建物）
甲3の1	固定資産税評価証明書（丙川虎男所有土地）
2	同（丙川虎男所有建物）
甲4の1	支払催告書
2	内容証明郵便
3	配達証明
4	支払催告書
甲5	報告書

添　付　書　類

甲号証	各1通
資格証明書	1通
陳述催告の申立書	1通

当　事　者　目　録

〒○○○－○○○○　東京都○○区○○町○丁目○番○号（送達場所）

　　　　　　　　債　権　者　　　D

　　　　　　　　電話○○－○○○○－○○○○
　　　　　　　　FAX ○○－○○○○－○○○○

〒○○○－○○○○　東京都○○区○○町○丁目○番○号

　　　　　　　　債　務　者　　　F

〒○○○－○○○○　東京都○○区○○町○丁目○番○号

　　　　　　　　第三債務者　　　株式会社E
　　　　　　　　上記代表者代表取締役　　　L

（送達先）
〒○○○－○○○○　東京都○○区○○町○丁目○番○号
　　　　　　　　株式会社E○○支店

請　求　債　権　目　録

金〇〇〇万〇〇〇〇円

　ただし、債権者が債務者に対し、令和△年9月30日、弁済期令和〇年2月25日、利息年15パーセント、遅延損害金年20パーセントの約定で貸し渡した金100万円及びこれに対する令和〇年2月26日から同年4月5日まで年20パーセントの割合による遅延損害金〇〇円の合計金

仮　差　押　債　権　目　録

金〇〇〇万〇〇〇〇円

　債務者（〇〇センター勤務）が本決定送達後令和●年10月31日までの間に第三債務者から支給される^{（注）}

1　給料（基本給と諸手当、ただし通勤手当を除く）から給与所得税、住民税、社会保険料を控除した残額の4分の1
　（ただし、前記残額が月額44万円を超えるときはその残額から33万円を控除した金額）
2　賞与から1と同じ税金等を控除した残額の4分の1
　（ただし、前記残額が44万円を超えるときはその残額から33万円を控除した金額）
　にして頭書金額に満つるまで
3　上記1及び2による金額が頭書金額に満たないうちに退職したときは退職金から所得税、住民税を控除した残額の4分の1につき頭書金額に満つるまで

（注）継続的に給付される債務の場合には、保全の必要性の観点から、本案訴訟の平均審理期間を考慮して1年間程度の期間に見合う金額を仮差押債権額とするのが実務の取扱いです。

債権仮差押命令申立書

収入
印紙

令和○年11月7日

○○地方裁判所　御中

債権者　G　㊞

　当事者　　　別紙当事者目録に記載
　請求債権　　別紙請求債権目録に記載

申立ての趣旨

　債権者の債務者に対する上記請求債権を保全するために、債務者の
第三債務者に対する別紙仮差押債権目録記載の債権を仮に差し押える。
　第三債務者は、債務者に対し、仮に差し押さえられた債務の支払い
をしてはならない。
　との裁判を求める。

申立ての理由

第1　被保全権利
　1　（売買契約）
　　債権者と債務者は、令和△年10月31日に、債権者の所有していた
テレビについて売買契約を締結した（甲1）。債権者から債務者へ、
テレビは引き渡し済みである。
　2　（催告）
　　債務者は、テレビの引き渡しを受けているにもかかわらず、債権
者に対して売買代金を支払わない。債権者は債務者に対して、再三
にわたって催告を行っているが、それでも債務者は支払おうとしな
い（甲2）。

3　（まとめ）

　以上より、債権者は債務者に対して、別紙請求債権目録記載の売買代金債権○○円およびこれに対する遅延損害金の支払請求権を有する。

第2　保全の必要性

1　債務者が有する財産としては、債務者が第三債務者に対して有する売掛金債権しかめぼしいものがない（甲3）。そのため、債務者が第三債務者に対する債権を処分してしまうと、債務者の財産がほとんどなくなってしまう。

2　債権者は、債務者に対して、別紙請求債権目録記載の金員の支払いを求める訴訟提起の準備中である。

3　よって、今のうちに債務者が保有する売掛金債権を、仮差押しておかなければ、後日に本案訴訟において勝訴判決を得ても、その執行が不能もしくは著しく困難になるおそれがあるので、本申立てに及ぶ次第である。

疎明方法

甲1　　売買契約書
甲2　　支払催告書
甲3　　報告書

添付書類

甲号証　　　各1通

当事者目録

〒○○○—○○○○　　　　　　　　大阪府○○市○○町○丁目○番○号
　　　　　　　　　　　　　　　　債権者　　G
　　　　　　　　　　　　　　　　電話番号　○○○－○○○－○○○○

〒○○○—○○○○　　　　　　　　京都府○○市○○町○丁目○番○号
　　　　　　　　　　　　　　　　債務者　　H

〒○○○—○○○○　　　　　　　　兵庫県○○市○○町○丁目○番○号
　　　　　　　　　　　　　　　　第三債務者　　I

請求債権目録

金○○円
　債権者が債務者に対し、令和△年10月31日付け売買契約に基づき、
債権者が債務者に対して有する売掛金請求権と、令和○年1月12日か
ら現在までの年○.○パーセントの割合による遅延損害金

仮差押債権目録

金○○円
　債務者が第三債務者に対して、令和△年11月1日から令和○年10月
31日の間に取得した売掛金債権のうち、支払期の早いものから頭書金
額に満つるまで

5 動産仮差押命令申立書の書き方を知っておこう

目的を特定しなくてもよい

■動産仮差押命令申立書作成の際の注意点

　時計や宝石など、債務者所有の動産について仮差押を申し立てる場合、対象目的物を特定して申立書に記載することができるに越したことはありませんが、たとえ特定できなくても不都合はありません。なぜなら、動産の場合は、実際に債務者の元に足を運んで調べないとよくわからないことが多いからです。なお、債権を対象目的物とした場合は、その目的債権を必ず特定する必要があります。仮差押命令の申立てで目的物を特定しなくてもよいのは、動産の場合だけです。そのため、**書式6**では、動産を特定していないため物件目録を載せていません。目的物を特定して申し立てる場合は、物件目録にその旨を表示する必要があります。

・動産仮差押命令申立書

　申立ての趣旨として、債務者のもっている動産を仮差押する旨を記載します。その上で、申立ての理由として、被保全権利と保全の必要性を記載します。被保全権利は、債務者に対する債権を契約内容に沿って記載していきます。保全の必要性は、仮差押をしなければ、債権回収に支障がでる旨を記載します。

・当事者目録（72ページ上段）

　債権者と債務者の氏名・名称、住所を記載します。

・請求債権目録（72ページ下段）

　債務者に対する債権（請求債権）として、元金（元本）、利息、遅延損害金などを記載します。

動産仮差押命令申立書
収入
印紙

令和○年○月○日

東京地方裁判所民事第9部　御中

債　権　者　　○　○　○　○　㊞

当事者の表示　　　別紙当事者目録記載のとおり
請求債権の表示　　別紙請求債権目録記載のとおり

申立ての趣旨

　債権者の債務者に対する上記請求債権の執行を保全するため、別紙
請求債権目録記載の債権額に満つるまで債務者所有の動産は、仮に差
し押さえる。
　との裁判を求める。

申立ての理由

第1　被保全権利
　1　債権者は債務者に対し、令和○年○月○日、金○○○万円を、
　　利息年○分、弁済期令和○年○月○日の約定で貸し付けた（甲1）。
　2　債務者は、上記弁済期を経過するも、その弁済をしない。
第2　保全の必要性
　1　債務者は、申立外○○○○株式会社に対する多額の手形債務に

関し、○○銀行から取引停止処分を受けた（甲2）。

　債務者は、動産以外見るべき財産を有していない上に、他にも相当の債務を負担しており、はなはだ窮乏の状態にある。しかも、債務者はすでに営業を完全に閉鎖してしまっており、動産の仮差押えを受けたとしても、それによって重大な損害を被るおそれはない（甲3）。

2　債権者は債務者に対し、貸金請求の訴えを提起すべく準備中であるが、今のうちに仮差押えをしておかなければ、後日勝訴判決を得てもその執行が不能に帰するおそれがある。

　よって、上記債権の執行保全のため、本申立てに及ぶ次第である。

疎　明　方　法

甲1号証　　金銭消費貸借契約書
甲2号証　　銀行取引停止処分を受けた旨の証明書
甲3号証　　報告書

添　付　書　類

甲号証　　　各1通

当 事 者 目 録

〒○○○-○○○○　東京都○○区○町○番地の○
　　　　　　　　債 権 者　株式会社○○○
　　　　　　　　　　　　代表者代表取締役　○ ○ ○ ○

〒○○○-○○○○　東京都○○区○町○番地の○
　　　　　　　　債 務 者　○ ○ ○ ○

請 求 債 権 目 録

金○○○万円
　ただし、債権者が債務者に対し、令和○年○月○日金○○○万円を、
利息年○パーセント、弁済期令和○年○月○日として貸し付けた貸金
元本

（注）動産については、民事保全法21条ただし書により、目的物を特定しないで仮差押命令を発令
することができるので、申立書において、動産を特定することを要しない。しかし、特定動産
についての仮差押命令を発令することも許されるので、その場合には、物件目録によって特定
動産を表示することになる。特定動産を差し押さえる場合には、その価格の疎明が必要となる。

6 仮処分命令申立書の書き方を知っておこう

「保全の必要性」の疎明に力点を置いて記載すること

■債務者を特定できる場合の書式作成の際の注意点

占有移転禁止仮処分命令の申立ては、債務者（貸借人）が賃借建物を破壊することや、あるいは、債務者が勝手に暴力団員などの第三者と転貸借契約を結んで、その第三者に賃借建物を占有させることなどを未然に防ぐ場合に申し立てます。

申立ての方法は、①債務者の占有は一切許さず、占有できるのは執行官のみである、②債務者の占有は許すが、第三者に移転してはならない（執行官も保管）、③債務者の占有は一切許さず、債務者に占有する権利はないので、債権者が占有する（執行官も保管）、という3つが考えられます。**書式7**はaに「執行官は、債務者に上記建物の使用を許さなければならない」とあり、②の場合なので、①②の記載上の注意点を述べておきましょう。

まず、①の場合は書式7のaを削除します。次に、③の場合は書式7のaを削除して、「執行官は、債権者に上記建物の使用を許さなければならない」旨の一文を入れます。

■債務者を特定できない場合の書式作成の際の注意点

書式7は、債務者以外の第三者にまだ占有が現実に移転していない場面を想定しています。しかし、**書式8**では素性のよくわからない誰かにすでに占有を移転させている場面だと考えてください。この場合、書式8に挙げているabcの3点が書式7と記載内容が異なります。

まず、aの「当事者の表示欄」についてですが、書式例のとお

り記載します。

　ｂについては、明渡しを求める相手方が賃貸借契約を結んでいる債務者ではなく、全くの第三者である点に注意する必要があります。そこで、書式８は、書式７と異なり目的物返還請求権の根拠が賃貸借契約終了に基づく債権的返還請求権ではなく、所有権に基づく物権的返還請求権になります。

　ｃについては、なぜ債務者を特定することができないのか、その事情につき、疎明ではなく「証明」しなければならない、とされています。ですから、「申立ての理由」の中で債務者を特定することができない理由について具体的事実を挙げながら詳細に記載しなければいけません。

　また、書式８では占有者の男性３人から名刺を渡されていることから、その限度で債務者を特定できるといえなくもありません。このような場合は、書式８のように、特定された債務者と不特定の債務者に対して、１個の申立をしていくことになります。

■（処分禁止）仮処分命令申立書（不動産）作成の際の注意点

　申立書の記載内容として考えられるのは、**書式９**の場合がほとんどだと考えておいてよいでしょう。この申立ては、現在占有している者（債務者）から、素性のわからぬ第三者に不動産が売却されてしまうのを未然に防ぐことを狙いとしています。申立てのポイントは、後の本案（建物収去土地明渡請求訴訟）で勝っても、立ち退きを命じるのが難しくなってしまうのだという必要性の疎明になります。

■（処分禁止）仮処分命令申立書（債権）作成の際の注意点

　債権者としては、債権を処分されてしまうと甚大な損害をこうむるおそれがある、という事実に力点を置いて記載する必要があ

ります。**書式10**では、債権者の業務補助者に過ぎない2名の債務者が地下駐車場の所有権を主張した上、債権の取立てを無断で行っていることを保全の必要性として記載しています。

■ 建物建築禁止仮処分命令申立書作成の際の注意点

　行政行為や事実行為を仮処分命令の申立てによって阻止することが基本的に許されないことは、23ページですでに説明しました。しかし、例外的に行政庁の建築確認や建築許可などを経た建築行為に対しては、仮処分命令がなされる場合があります。

　その理由ですが、このような場合に仮処分の申立てが一切認められないとすると、本案訴訟が終わるまで建築工事の進行を止める一切の手立てが債権者には存在ないことになります。そうなると、数年後に勝訴判決を得ても、すでに建物が完成した後では債権者だけでなく、取壊しを命じられた債務者の損失も大きくなってしまう可能性が考えられるからです。

　書式11は、通行権の確保を求めた建物建築禁止の仮処分の申立てとなっています。保全の必要性の部分には、仮処分を行わなければ著しい損害を受けるおそれがあることなどを記載します。

■ （仮の地位を定める）仮処分命令申立書作成の際の注意点

　書式12は、従業員としての地位保全と賃金仮払命令を申し立てているケースを想定しています。会社員が懲戒解雇されると、以後の再就職もままならず、収入面においても苦しい立場に追い込まれていくことは目に見えています。ですから、賃金保全の必要性を疎明していくことはそれほど難しいことではないでしょう。

　そこで、書式の記載にあたり、力を入れたいのは、むしろ地位保全の方です。書式12では、当該従業員が優秀で、会社全体にとって不可欠の人材である点を強くアピールしています。

占有移転禁止仮処分命令申立書

収入
印紙

令和○年○月○日

東京地方裁判所民事第９部　　御中

債権者　　○○○株式会社　㊞
上記代表取締役　　○○○○　　㊞

当事者の表示　　別紙当事者目録記載のとおり
仮処分により保全すべき権利　　建物明渡請求権

┌ a

申立ての趣旨

債務者は、別紙物件目録記載の建物に対する占有を他人に移転し、又は占有名義を変更してはならない。

債務者は、上記建物の占有を解いて、これを執行官に引き渡さなければならない。

執行官は、上記建物を保管しなければならない。

執行官は、債務者に上記建物の使用を許さなければならない。

執行官は、債務者が上記建物の占有の移転又は占有名義の変更を禁止されていること及び執行官が上記建物を保管していることを公示しなければならない。

との裁判を求める。

申立ての理由

第１　被保全権利

1　令和○年○月○日債権者は、債務者との間で別紙物件目録記載

の建物（本件建物）につき賃貸借契約を締結し（本件契約）、また本件建物敷地内の駐車場を月額金○万○○○○円を以て賃貸借契約を締結し、同日双方共貸し渡した。その後、本件契約につき令和○年○月○日次の約定で更新したものである（甲1の1、2、甲2、甲7）。

(1)　賃貸借期間　令和○年○月○日から令和○年○月○日まで

(2)　賃　料　1か月○○万○○○○円

　　　共益費　1か月○○○○円

(3)　賃料及び共益費の支払期限　前月末日限り

2　ところが、債務者は令和○年○月分の本件建物の賃料及び共益費並びに駐車場賃料から遅滞し始め、令和○年○月○日に令和○年○月分賃料等の一部を支払った後は、令和○年○月までに令和○年○月分賃料等の一部金○万○○○○円並びに同年○月分ないし令和○年○月賃料等の全額の合計金○○○万○○○○円を遅滞するに至った。このため、令和○年○月○日付通告書を以て、上記金額の支払を催告したものである（甲3、甲4の1、2）。

　その結果、同年○月○日債権者は債務者との間で、同年○月○日までに金○万円同年○月○日までに同年○月分賃料等を含めた遅滞賃料等の残額全額を支払うことを約し、上記支払を遅滞したときは、即日契約を解除する旨を合意した（甲5）。

　ところが、債務者は同年○月○日に金○万円を支払ったものの上記第1回目の支払期限を遅れ、同年○月○日に金○○万円を支払ったものの、第2回目の支払については期限を徒過しても残金○○万○○○○円の支払をしない（甲3、甲8）。

　したがって、本件契約は令和○年○月○日を以て合意解除により終了した。しかし、債務者は本日までに本件建物を明け渡さない。

3　よって、債権者は、債務者に対し、本件契約の終了に基づき、本件建物の明渡請求権を有する。

第2　保全の必要性

1　債権者は、上記第1、3項の権利を実現するため、建物明渡等請求訴訟を御庁に提起すべく準備中である。

2　債務者は、月額の賃料が支払えないほど経済的に困窮している様子であり、債権者の明渡しを求めた令和○年○月○日付け通告書に対しても何ら返答がない。このような状況では、債務者がいつ本件建物の占有を第三者に移転するか分からず、そのおそれは著しい（甲6の1、2、甲8）。

　　もし、上記のおそれが現実化すると債権者らが上記1項の訴訟において勝訴の判決を得ても、その執行が不能又は著しく困難になるので、執行保全のために本申立てに及ぶ次第である。

疎　明　方　法

甲1号証の1、2　　賃貸借契約書
甲2号証　　　　　建物登記事項証明書
甲3号証　　　　　帳簿
甲4号証の1、2　　令和○年○月○日付け通告書、配達証明書
甲5号証　　　　　誓約書
甲6号証の1、2　　令和○年○月○日付け通告書、配達証明書
甲7号証　　　　　重要事項説明書
甲8号証　　　　　報告書

添　付　書　類

甲号証写し　　　　各1通
評価証明書　　　　1通

当 事 者 目 録

〒○○○−○○○○　東京都千代田区有楽町○丁目○番○号

　　　　　　　　　債 権 者　○○○株式会社

　　　　　　　　　　　　　代表者代表取締役　○ ○ ○ ○

債権者代理人弁護士　○ ○ ○ ○

〒○○○−○○○○　東京都○○区○○町○丁目○番○号

　　　　　　　　　○○ハイム200号室

　　　　　　　　　債 務 者　○　○　○　○

物 件 目 録

所　　在　　東京都○○区○○町○丁目○○○番地

家屋番号　　○○番

種　　類　　共同住宅

構　　造　　鉄筋コンクリート造陸屋根3階建

床 面 積　　1階 ○○○．○○平方メートル

　　　　　　2階 ○○○．○○平方メートル

　　　　　　3階 ○○○．○○平方メートル

　　　　　　のうち、2階部分200号室、約57平方メートル

占有移転禁止仮処分命令申立書　　収入印紙

令和○年11月7日

東京地方裁判所民事第9部　御中

債権者　　A　㊞

a →

当事者の表示　　別紙当事者目録記載のとおり（債務者不特定）

仮処分により保全すべき権利　所有権に基づく建物明渡請求権

 b

申立ての趣旨

　債務者は、別紙物件目録記載の建物に対する占有を他人に移転し、又は占有名義を変更してはならない。

　債務者は、上記建物の占有を解いて、これを執行官に引き渡さなければならない。

　執行官は、上記建物を保管しなければならない。

　執行官は、債務者が上記建物の占有の移転又は占有名義の変更を禁止されていること及び執行官が上記建物を保管していることを公示しなければならない。

　との裁判を求める

申立ての理由

第1　被保全権利

1　令和□年9月30日、債権者は、債務者との間で債権者が所有する別紙物件目録記載の建物（本件建物）につき賃貸借契約を締結し（本件契約）、同日貸し渡した（甲1、甲2、甲7）。

　(1)　賃貸借期間　　令和□年9月30日から令和○年9月30日まで

　(2)　賃　　料　　1か月24万円

　　　共　益　費　　1か月4万円

　(3)　賃料及び共益費の支払期限　　前月末日限り

2　ところが、債務者は令和△年3月分の本件建物の賃料を遅滞し始め、令和△年12月分まで合計240万円を遅滞するに至った。このため、○年1月10日付通告書を以って、上記金額の支払を催告したものである（甲3、甲4の1）。

その後、同年2月10日及び3月10日に支払いの催告をしたが（甲4の2、3）期限を徒過しても支払いをしない（甲8）。

そこで債権者は、令和○年3月25日、履行遅滞を理由に契約解除を申し入れ、債務者も了承した（甲5、6）。しかし、債務者は本日までに本件建物を明け渡さない。

 3

よって、債権者は債務者に対し、本件契約の終了に基づき、本件建物の明渡請求権を有する。

4　令和○年4月1日、債権者は債務者に本件建物の明渡を直接催告するため、本件建物に赴いた。債権者が呼び鈴を押すと氏名不詳の男が応対に出たが、自分は債務者から留守番を頼まれているだけだと答えた。債権者はその男に対して、債務者はいつ戻るのか尋ねたところ、債務者は外国に商売に出たのでいつ帰ってくるかわからないとのことであった。また、その男は決して自分の名前を名乗ろうとはしなかった。翌日訪れた際にはその男はおらず、別の男3人がいたが、3人全員から名刺をもらうことができた。

しかし、またその翌日に訪れると、3人はおらず、別の男が応対に出たが、その男も決して自分の名前を言おうとしなかった。その約1時間後に債権者が本件建物周辺の居住者に本件建物の状況を尋ねたところ、ここ2週間の間何人かの男たちが入れ替わり立ち代わり出入りしているとのことであった（甲8）。なお、債務者の住民票は、本件建物所在地から移動していない（甲9）。

第2　保全の必要性

1　債権者は、上記第1、3項の権利を実現するため、建物明渡等請求訴訟を御庁に提起すべく準備中である。

2　しかし、賃借人の債務者は行方不明である上に、本件建物には複数の氏名不詳のものが出入りしているのであるから、今後も誰が占有するかわからない状況であるといえる。そうだとすれば、本件建物の占有が不特定の第三者に移転されるおそれは大きい。

3　上記おそれが現実化すれば、債権者らが上記1項の訴訟において勝訴の判決を得ても、その執行が不能又は著しく困難になるので、執行保全のために本申立てに及ぶ次第である。

疎明方法

甲1		賃貸借契約書
甲2		建物登記事項証明書
甲3		帳簿
甲4の	1	支払催告書
	2	令和○年1月10日付け通告書、配達証明書
甲5		誓約書
甲6		令和○年3月25日付け通告書、配達証明書
甲7		重要事項説明書
甲8		報告書
甲9		住民票
甲10		ブルーマップ写し

添 付 書 類

甲号証写し	各1通
評価証明書	1通

当　事　者　目　録

〒○○○－○○○○　東京都○○区○○町○丁目○番○号

　　　　　　　　　　債権者　A
　　　　　　　　　　電　話　　○○－○○○○－○○○○
　　　　　　　　　　FAX　　○○－○○○○－○○○○

〒○○○－○○○○　東京都○○区○○町○丁目○番○号

　　　　　　　　　　債務者　B
　　　　　　　　　　本件仮処分命令執行のときに
　　　　　　　　　　おいて別紙物件目録記載の不
　　　　　　　　　　動産を占有する者

物　件　目　録

所　　在　　東京都○○区○○町○丁目○○番地
家　屋　番　号　　○○番
種　　類　　共同住宅
構　　造　　鉄筋コンクリート造陸屋根2階建
床　面　積　　1階　○○.○○平方メートル
　　　　　　　2階　○○.○○平方メートル

不動産仮処分命令申立書　　｜収入｜
　　　　　　　　　　　　　　　　　｜印紙｜

　　　　　　　　　　　　　　　令和○年○月○日

東京地方裁判所民事第9部　　御中

　　　　　　　　　　　　債権者　　○○○○　　㊞

　　　当事者の表示　　別紙当事者目録記載のとおり
　　　仮処分により保全すべき権利　　建物収去土地明渡請求権

　　　　　　　　　　申立ての趣旨
　債務者は、別紙物件目録記載の建物について、譲渡並びに質権、抵
当権及び賃借権の設定その他一切の処分をしてはならない。
　との裁判を求める。

　　　　　　　　　　申立ての理由
第1　被保全権利
　1　債権者の土地所有権
　　債権者は、下記土地（以下、一括して「本件土地」という。）の
　所有者である。
　　（甲1、2）。
　　　　　　　　　　　　記
　⑴　所　　在　○○区○○町○丁目
　　　地　　番　○○○番○
　　　地　　目　宅地
　　　地　　積　○○○．○○平方メートル

  ⑵　所　　在　○○区○○町○丁目

      地　　番　○○○番○○

      地　　目　宅地

      地　　積　○. ○○平方メートル

2　賃貸借契約の成立等

⑴　債権者は、平成○年○月○日本件土地を申立外○○○に賃貸
し、賃貸借契約は令和○年更新された（甲4、甲8第1項）。

　　なお、賃貸借契約書第○条には、賃貸人が本件賃借権を譲渡
し若しくは本件土地上の建物を譲渡又は担保に供する場合には、
事前に賃貸人の書面上の承諾を必要とし、これに違反して賃借
人が賃貸人に無断で上記各行為を行った場合には、賃貸人にお
いて上記賃貸借契約を解除できる旨約定されている。

⑵　申立外○○○は、本件土地上に別紙物件目録記載の建物（本
件建物）を所有し、居住していた（甲3、甲8第2項）。

3　賃貸借契約等の承継

　　申立外○○○は、令和○年○月○日死亡し、同人の妻○○○○
（申立外○○）が　本件建物を相続した（甲5）。

　　上記相続に基づき、本件土地賃借権者及び本件建物所有権者は
申立外○○となった（甲3）。

4　賃借権の無断譲渡

⑴　申立外○○は、令和○年○月○日上記約定に違反して債権者
に無断で本件建物を　債務者に贈与し、その旨の登記が同月○
日完了された（甲3）。

⑵　本件土地は本件建物の敷地であるから、本件建物の上記譲渡
に伴い本件土地賃借権も申立外○○から債務者に譲渡されたも
のであるが、債権者は本件土地賃借権の譲渡について一切承諾
を与えていない。

　　なお、債権者は申立外○○から本件建物譲渡の事実について

全く報告を受けていなかった上、本件建物譲渡後はもとより、申立外○○が死亡した令和○年○月○日以降も賃料は○○名義で支払われており（甲6）、債権者は本件建物譲渡及び本件賃借権無断譲渡の事実を最近に至るまで全く知らなかった。最近になって、○○○○（後日債務者の父親と判明した）なる人物が本件建物を売却する画策をしているという噂を聞き、調査したところ、上記の事実が判明したのである（甲8第3、4項）。

(3) 上記のとおり、申立外○○から債務者への本件土地賃借権の譲渡は無断譲渡であるから、債務者は本件土地賃借権の譲受けを債権者に対抗しえない。

その結果、債務者は本件建物を所有し、そこに居住することにより、本件土地を不法に占有していることになる。

5 被保全権利のまとめ

よって、債権者は、債務者に対し、本件土地所有権に基づき建物収去土地明渡請求権を有している。

第2 保全の必要性

1 債権者は、債務者に対し、建物収去土地明渡請求訴訟を御庁に提起すべく準備中である。

2 しかるに、債務者の父親○○○○は本件建物を売却するため、不動産業者にその旨の仲介を依頼する等不審な行動をとっている。このため、上記○○○○において債務者を代理して本件建物を処分するおそれは大きい（甲8第5、6項）。

上記のおそれが現実化すると、債権者が勝訴判決を得てもその執行が不能又は著しく困難になるので、本件建物収去土地明渡請求権を保全するため本申立てに及ぶ次第である。

疎　明　方　法

甲1、2号証　　　土地登記事項証明書
甲3号証　　　　建物登記事項証明書
甲4号証　　　　地賃貸借契約証書
甲5号証　　　　戸籍記載事項証明書
甲6号証　　　　銀行預金通帳
甲7号証　　　　内容証明郵便
甲8号証　　　　報告書

添　付　書　類

甲号証　各1通
固定資産評価証明書　2通
戸籍記載事項証明書　1通

　　　　　　当　事　者　目　録

〒○○○−○○○○　東京都○○区○町○番地の○
　　　　　　　　債　権　者　　○　○　○　○

〒○○○−○○○○　東京都○○区○町○番地の○
　　　　　　　　債　務　者　　○　○　○　○

　　　　　　　物　件　目　録

　所　　　在　○○区○○町○丁目○番地
　家　屋　番　号　○番
　種　　　類　居宅
　構　　　造　木造スレートぶき2階建
　床　面　積　1階　○○．○○平方メートル
　　　　　　　2階　○○．○○平方メートル

第2章　申立書の書き方

債権仮処分命令申立書

収入
印紙

令和○年○月○日

東京地方裁判所民事第9部　御中

債権者　　　　　有限会社○○○　　㊞
上記代表者代表取締役　○○○○　　㊞

　　当事者の表示　別紙当事者目録記載のとおり
　　債権の表示　　別紙債権目録記載のとおり

申立ての趣旨

　債務者らは、第三債務者らから別紙債権目録記載の債権を取り立て、またはこれについて譲渡、質権の設定、その他一切の処分をしてはならない。

　第三債務者らは、債務者らに対し、上記債務を支払ってはならない。
との裁判を求める。

申立ての理由

第1　被保全権利

1　債権者は、駐車場の賃貸業を肩書地にて営み、第三債務者らに対し、別紙債権目録記載のとおり駐車場賃貸借契約をなし、賃料請求権を有する（甲1ないし5）。

2　債権者は債務者両名に対し、令和○年○月末日まで債権者の業務補助者として上記駐車場賃料の取立てを認めていたが、同月、債務者両名に上記賃料の取立てを禁じ、債権者が直接回収することとした（甲6）。

第2　保全の必要性

1　しかるところ、債務者○○○○は、債権者の営む駐車場のうち

別紙物件目録記載2の(2)の地下駐車場の所有権を主張し、かつ債権者に代わり駐車場賃料の取立権を主張し、現に令和○年○月分（同年○月未支払分）以降の賃料を取り立てようとしているし、一部取り立てている（甲7、8）。

2　しかし、上記駐車場賃貸を営むのは債権者であるし、地下駐車場の所有権については、債務者両名が共謀し、債権者所有名義を債務者○○○○に変更しているがその権限もなく、また何ら正当な理由のない名義変更で無効のものである。

　　よって、債権者は上記地下駐車場の所有権の確認等を求めるべく本案訴訟を準備中である。

　　以上の次第で、債権者は債務者らの賃料取立の妨害により第三債務者らから取立てができず、本案判決の確定を待つことは甚大な損害を被るので、本申立てをする（甲9、10）。

疎　明　方　法

甲1号証　　会社登記事項証明書

甲2号証　　決算書類

甲3号証　　総勘定元帳

甲4号証　　土地登記事項証明書

甲5号証　　建物登記事項証明書

甲6号証　　催告書

甲7号証　　通知書

甲8号証　　振込金受取書等

甲9号証　　代表取締役職務執行停止等仮処分決定

甲10号証　　報告書

添　付　書　類

甲号証写し　各1通

資格証明書　7通

固定資産評価証明書　1通

当 事 者 目 録

〒○○○－○○○○　東京都○○区○町○番地の○
　　　　　　　　　債 権 者　有限会社○○○
　　　　　　　　　　　　　　代表者代表取締役　○○○○
〒○○○－○○○○　東京都○○区○町○番地の○
　　　　　　　　　債 務 者　○○○○
〒○○○－○○○○　東京都○○区○町○番地の○
　　　　　　　　　債 務 者　○○○○
〒○○○－○○○○　東京都○○区○○町○丁目○番地
　　　　　　　　　第三債務者　有限会社○○サービス
　　　　　　　　　　　　　　代表者代表取締役　○○○○
〒○○○－○○○○　東京都○○区○○町○番地
　　　　　　　　　第三債務者　有限会社○○商事
　　　　　　　　　　　　　　代表者代表取締役　○○○○
〒○○○－○○○○　東京都○○区○○町○丁目○番地
　　　　　　　　　第三債務者　有限会社○○組
　　　　　　　　　　　　　　代表者代表取締役　○○○○
〒○○○－○○○○　東京都○○区○○町○○番地○
　　　　　　　　　第三債務者　○○○○

債 権 目 録

　別紙物件目録記載の土地及び建物の地下１階に所在する駐車場につき、令和○年○月分（同年○月末までの支払）以降の駐車場賃貸借契約に基づく賃料

記

1　第三債務者 有限会社○○サービスは、１台分月額金○○○○円
2　第三債務者 有限会社○○商事は、１台分月額金○○○○円
3　第三債務者 有限会社○○組は、１台分月額金○○○○円
4　第三債務者 ○○○○は、１台分月額金○○○○円

物　件　目　録

1　所　　在　　○○区○町○丁目

　　地　　番　　○○番

　　地　　目　　宅地

　　地　　積　　○○○．○○平方メートル

2　（一棟の建物の表示）

　　所　　在　　○○区○○町○番地○

　　構　　造　　鉄筋コンクリート造陸屋根地下1階付3階建

　　床 面 積　　1階　○○○．○○平方メートル

　　　　　　　　2階　○○○．○○平方メートル

　　　　　　　　3階　○○○．○○平方メートル

　　　　　　　　地下1階　○○○．○○平方メートル

⑴（専有部分の建物の表示）

　　家屋番号　　○町○番○の○

　　種　　類　　居宅・旅館・共同住宅・車庫・倉庫

　　構　　造　　鉄筋コンクリート造陸屋根地下1階付3階建

　　床 面 積　　1階　○○．○○平方メートル

　　　　　　　　2階　○○．○○平方メートル

　　　　　　　　3階　○○．○○平方メートル

　　　　　　　　地下1階　○○．○○平方メートル

⑵（専有部分の建物の表示）

　　家屋番号　　○町○番○の○

　　種　　類　　駐車場

　　構　　造　　鉄筋コンクリート造1階建

　　床 面 積　　地下1階部分　○○○．○○平方メートル

建物建築禁止仮処分命令申立書

収入
印紙

令和○年○月○日

東京地方裁判所民事第９部　御中

債権者　株式会社○○○　　㊞

上記代表取締役　○○○○　㊞

当事者の表示　　別紙当事者目録記載のとおり

仮処分により保全すべき権利　　土地通行権

申立ての趣旨

　債務者は、別紙物件目録記載の土地のうち、別紙図面中の(イ)(ロ)(ハ)(ニ)(ホ)(イ)の各点を順次直線で結んだ範囲内の土地につき、建物を建築してはならない。

　との裁判を求める。

申立ての理由

第１　被保全権利

　１　債権者と債務者との間には、御庁令和○年(ワ)第○○○○号事件において、令和○年○月○日に申立ての趣旨記載の土地の範囲内（本件土地）について「債務者は債権者の通行を妨害してはならない」旨の裁判上の和解が成立している（甲１）。

第２　保全の必要性

　１　しかしながら、債務者は、本件土地を含む別紙物件目録記載の

土地に3階建のビルを建築すべく企画し、既に令和○年○月○日に建築確認を得て、同年○月○日に債権者を含む周辺住民に対し、既に確認を得ているから建築に協力されたい旨を申し出てきた（甲2、3、4）。

2　債権者は、本件土地の南側に隣接する家屋に居住しており、別紙図面中のA、Bの出入口より出入りしている（甲4、5）。したがって、債権者にとって本件土地の通行権を確保することは、絶対に必要なことであり、上記の裁判上の和解をしたのも、上記通行権を確保するためである。

3　債権者は、債務者を被告として、御庁に本件土地の通行妨害禁止の訴訟を提起すべく準備中であるが、債務者においては、本件土地上に、今月中にも上記ビルを建築着工する予定である（甲3、5）。

4　よって、直ちに申立ての趣旨記載のとおりの裁判を得なければ、著しい損害を被り、本案訴訟を待つことができないので、本件土地の通行権を保全するため本申立てに及ぶ次第である。

疎　明　方　法

甲1号証　　口頭弁論調書（和解）正本
甲2号証　　建築確認申請書写し
甲3号証　　通知書
甲4号証　　写真撮影報告書
甲5号証　　報告書

添　付　書　類

甲号証　　　各1通
固定資産評価証明書　2通
登記事項証明書　　　1通

当　事　者　目　録

〒○○○－○○○○　東京都○○区○町○番地の○

　　　　　　債　権　者　株式会社○○○

　　　　　　　　　　　　代表者代表取締役　○　○　○　○

〒○○○－○○○○　東京都○○区○町○番地の○

　　　　　　債　務　者　　○　○　○　○

物　件　目　録

　所　　在　　○○区○○町○丁目

　地　　番　　１５３番１

　地　　目　　宅地

　地　　積　　○○○．○○平方メートル

　　　　　　　（※別紙図面省略）

仮処分命令申立書

```
┌─────┐
│収 入│
│印 紙│
└─────┘
```

令和○年11月7日

○○地方裁判所民事第○部　御中

債 権 者　　B　㊞

当事者の表示　　別紙当事者目録記載のとおり

地位保全等仮処分命令申立事件

申立ての趣旨

1　債権者が債務者に対し雇用契約上の権利を有する地位にあることを仮
　に定める。
2　債務者は債権者に対し、令和△年9月から本案の第1審判決言渡しに
　至るまで毎月25日限り、月額○○万円の割合による金員を仮に支払え。
　　との裁判を求める。

申立ての理由

第1　被保全権利
1　債務者
　　債務者はソフトウェアの開発、販売及びOA機器の販売などを事業内容と
し、令和×年に設立以来、東京に本店（以下、本店）を置くほか、大阪、
福岡に営業を置いている。本件申立て時点で債務者に在職する従業員数は
185名である（甲1の1、2、3）。
2　債権者
　　債権者は令和◎年4月に債務者に就職し、当初は福岡営業所に配置され
たが、同年半年後の10月本店に転属し、23年9月の懲戒解雇が言い渡さ
れるまで本店の営業部に勤めていた。営業マンとしての債権者の勤務実績
は、甲3、甲4のとおり申し分がなく、その能力に疑いの余地はない。

3　債権者の組合活動

　債権者は債務者への就職と同時期に、債務者の従業員で構成されている組合に加入するが、持ち前の巧みな弁舌から次第に頭角を現し、加入3年後の令和□年4月には副代表理事にまで上り詰めるに至った。組合発足以来これほどの短期間に能力を買われて役員まで昇進したのは債権者だけである。債権者は、在職期間中債務者に対して、組合役員の立場から賃金のアップや労働条件改善の要望などを積極的に申し入れるなど精力的な組合活動を行ってきた（甲3の1、2、3）。

4　令和△年9月2日、債務者は債権者の勤務態度不良などの理由を記した書面を債権者に提示して突然懲戒解雇を言い渡した（甲2）。ところが、懲戒解雇の理由として書面中に記された内容のすべては、債務者の誇張と捏造によるものである（甲5）。

5　債務者の懲戒解雇の言い渡しは、組合活動の中心的存在だった債権者を排除する目的でなされた暴挙である。甲3の1、2、3、甲4の1、2、3のとおり、債権者は営業マンとして過去債務者から3度表彰を受けるなど、優秀な成績を収めてきた。また、債権者にとって債務者の従業員としての地位が確保されることは、同人の生活基盤や名誉を守るために必要なことである。さらに、債務者にとっても、債権者のような優秀な人材を失うことは、経営戦略上大きな損失であろう。

　以上から、申立ての趣旨記載の命令を得たく、本申立てに及んだ次第である。

疎明方法

甲1の1、2	債務者の会社案内パンフレット（令和▲年版）
甲2	辞令
甲3の1、2、3	組合新聞
甲4の1、2、3	社内報
甲5	債権者陳述書

添付書類

1	甲号証写し	各1通
2	資格証明書	1通

7 当事者目録を作成する

第三債務者の表示に注意すること

■ 債権者および債務者の表示

　当事者目録（書式13）とは、本件民事保全の登場人物を表示した書面のことで、申立書の一部として提出します。具体的には、債権者、債務者、第三債務者の氏名・名称、住所などを記載した書面ということになります。以下、記載の際にとくに注意しなければならない点を述べておきましょう。

　まず、債権者と債務者の表示について、個人の場合は、住民票記載の氏名、住所を記載します。法人の場合は、商業登記事項証明書の本店の住所、名称（会社名などの法人名）、代表者名を記載します。被保全権利の発生以後に住所、名称などの変更があった場合は、保全手続をしやすくしておくという意味で、変更前の表示と現在の表示とを併記した方がよい場合があります。

　なお、住所居所不定のものについては、記載の仕方が特殊ですので注意する必要があります。

　他には、法人でも自然人（生身の人間）でもない、たとえば、マンション管理組合のような権利能力のない社団も民事保全手続の当事者となることができることを知っておいてください。

■ 代理人の表示

　代理人は弁護士を立てる場合が多いといえます。他には、ノンバンク系の会社（クレジットカード会社、信販会社、消費者金融など、預金業務を行っていない金融機関）によく見られますが、代表取締役の代理人として支配人（特定の営業所における営業の

98

ために選任され、会社からその営業に関する一切の裁判上・裁判外の行為をする権限を与えられた使用人のこと）を立てる場合があります。

　なお、債権者が会社などの法人に対して申し立てる場合、代表者である代表取締役などが死亡している場合に注意が必要です。この場合は、特別代理人を選任してその者に対して申し立てていく方法が一般的です。

■ 第三債務者の表示

　記載内容については、単に氏名・名称（法人の場合は代表者名も記載）、住所を記載するだけなので難しくないですが、国などの公的機関の表示方法には注意する必要があります。

　一般職国家公務員の給与を仮差押する場合、第三債務者は国になります。ただし、具体的な第三債務者は、当該公務員の所属官庁の担当官吏（支出官または資金前渡官吏）であり、その氏名の記載があわせて必要となるので、その者の氏名を所属官庁に問い合わせる必要が出てきます。これに対し、一般職地方公務員の場合は、都道府県から給与を受けている者と、市町村から給与を受けている者とで第三債務者が変わります。たとえば、県立高校の教員の場合であれば、第三債務者は県であり、県知事の氏名の表示もあわせて必要となります。

● 代理人の表示（支配人）

〒○○○—○○○○　　○○県○○市○○１丁目１番１号
　　　　　　　　債権者　　○○産業株式会社
　　　　　　　　代表者代表取締役　　○○○○
　　　　　　　　代理人支配人　　　　○○○○

書式13　当事者目録

当　事　者　目　録

〒○○○－○○○○　東京都○○区○○町○丁目○番○号（送達場所）

　　　　　　　　　　債　　権　　者　　　D
　　　　　　　　　　上記代表者代表取締役　　Z

　　　　　　　　　　電話○○－○○○○－○○○○
　　　　　　　　　　FAX ○○－○○○○－○○○○

〒○○○－○○○○　東京都○○区○○町○丁目○番○号

　　　　　　　　　　債　　務　　者　　　F

〒○○○－○○○○　東京都○○区○○町○丁目○番○号

　　　　　　　　　　第三債務者　　株式会社E
　　　　　　　　　　上記代表者代表取締役　　　G

（送達先）
〒○○○－○○○○　東京都○○区○○町○丁目○番○号
　　　　　　　　　　株式会社E○○支店

8 請求債権目録を作成する

請求債権を具体的に特定しなければならない

■ 請求債権目録とは

請求債権とは、仮差押における債権者の被保全権利である金銭債権を指します。金銭債権とは、たとえば、貸金債権、売買代金債権、売掛金債権、請負代金、離婚に伴う慰謝料請求権などいろいろありますが、一言でいうと「金を払え」と請求していく権利のことです。

請求債権目録というのは、どのような権利に基づいて債権者が債務者に対して「金を払え」と請求しているのかという、その請求の根拠と事実関係（請求原因事実）について記載した書面のことをいいます。

もっとも、このような定義を読んだだけではわかりにくいと思います。そこで、この点については、説明よりも104ページの書式を見た方がわかりやすいかもしれません（**書式14**）。

104ページの売買代金の書式では、売主の債権者が買主の債務者に対して売買代金の請求をしていますが、その売買代金請求の根拠と事実関係を物語のように述べています。ところで、請求債権目録の記載方式には、このような請求発生原因事実を記載していく、言い換えると物語風に記載していく方式の他に、一文方式というのもあります（60ページの書式例など）。

一文方式というのは、売買代金の発生原因事実を一文で一気に書いていく方式のことですが、弁護士の中には、一文方式の方を好む人もいます。しかし、記載内容のわかりやすさという点では、請求原因事実に基づいた記載方式の方がよいかもしれません。

■ 請求債権目録作成の際のポイント

どの種類の請求債権（金銭債権）を、誰にいくら請求していくのかを明確に特定していくことに尽きます。貸金債権であれば、金銭消費貸借契約に基づいて発生したという法律上の根拠を記載するだけでなく、いつからいつまでのどの貸金で、利息や遅延損害金（返済期限までに支払わなかった場合に課されるペナルティのこと）はいくらなのかを特定して記載しなければなりません（貸金債権の場合、利息や遅延損害金を利息制限法所定の利率に引き直して請求金額を特定しなければならないので注意が必要です）。また、請負代金債権の場合には、請負契約を明示する必要があり、契約日、工事名あるいは工事場所、工事内容、工期、工事代金を記載して特定します。離婚に伴う慰謝料請求権は、不法行為に基づく損害賠償請求権ですから、離婚原因を特定して記載します。

特定の説明に戻りますが、たとえば、債権者が債務者に対して、甲債権1000万円と乙債権2000万円を持っていたとします。その場合、債権者が仮差押の申立てをする際に、甲乙どちらの債権を被保全権利として申し立て、金額がいくらかを特定しておかなければいけません。特定が不十分だと、執行官が何をどう具体的に執行していけばよいのかわからないからです。

また、請求債権が特定されていないと、裁判所としても仮差押解放金額を決めることができなくなるという不都合があります。

債務者が仮差押を解いてもらうには、仮差押命令を出した裁判所などの所在地を管轄する地方裁判所の管轄区域内の供託所に金銭を供託（30ページ）する必要がありますが、その金銭のことを仮差押解放金といいます。裁判所が仮差押命令を出す際には、仮差押解放金額を定めなければなりませんが、請求債権が特定されていないと、その金額を決定できなくなります。さらに、仮差押

対象物について、他の債権者が差押または仮差押を申し立てていたり、仮差押目的物を第三者が譲り受けることもあるでしょう。そのような第三者らとの利害調整も必要になってくることから、請求債権については特定をすることが要求されるのです。請求債権が特定されていれば、たとえば、甲債権1000万円のうち、その一部となる700万円だけを被保全権利にするのもかまいません。

　なお、債務者が複数いる場合、たとえば、主債務者と連帯保証人の２人に請求していく場合は、それぞれに対する請求債権額を特定していく必要があります。

　他に、特定について問題になるものとしては、約束手形債権があります。この場合は、所持している手形が債権者本人のものであることが目録上も特定されていなければなりません。そこで、被裏書人欄に債権者の名前が出てくる箇所まで裏書の過程をすべて目録に記載する必要があります。

　ただし、白地式裏書のように、被裏書人欄に債権者の名前が現れない手形については、被裏書人欄が白地の箇所まで目録に記載していくことになります。

● 特定とは

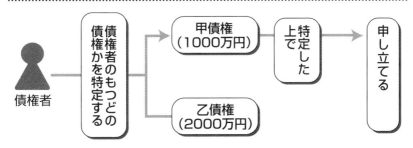

書式14　請求債権目録（請求原因方式）

売買代金

> 請　求　債　権　目　録
>
> 金320万円
>
> 　ただし、債権者の債務者に対する下記売買代金支払請求権の残金
> 1　債権者は、債務者に対し、令和△年11月20日に締結した売買取引基本契
> 　約に基づき、材木を債務者に売り渡し、債務者はこれを買い受けた。別
> 　紙取引一覧表記載の通り、代金合計額は500万円である。
> 2　債務者は、債権者に対し、現在までに上記売買代金のうち、令和○年11
> 　月7日に120万円を支払ったので、残金は320万円である。

貸金返還請求権

> 請　求　債　権　目　録
>
> 金500万円
>
> 　ただし、債権者の債務者に対する下記貸金返還請求権の合計額
> 1　債権者は、債務者に対し、令和○年1月20日、以下の条件で金○○万円
> 　を貸付け、債務者はこれを受領した。
> 　①　弁済期日　令和○年10月15日
> 　②　利息　年8パーセント
> 　③　遅延損害金　年15パーセント
> 2　債務者は弁済期日を過ぎても本件貸付金を支払わない。
> 3　令和○年12月20日現在、債権者の債務者に対する債権額は合計で500万
> 　円である。内訳は以下の通りである。
> 　①　元本○○万円
> 　②　貸付日の令和○年1月20日から弁済期日の同年10月15日までの間の
> 　　利息年8パーセントの割合による利息○万円
> 　③　弁済期日の翌日となる令和○年10月16日から申立期日となる同年12
> 　　月20日までの年15パーセントの割合による遅延損害金額○万円

請負代金

<pre>
        請 求 債 権 目 録

金○○○万円

  ただし、債権者が債務者に対して有する下記工事の請負契約に基づく請
負残代金債権

              記

      契 約 日   令和○年○月○日
      請負代金   金○○億円
      工事期間   令和○年○月○日から令和○年○月○日まで
      工事場所   東京都○○区○○台○○丁目○番○号
      工事内容   鉄筋コンクリート造5階建事務所の建築工事
</pre>

離婚に伴う慰謝料請求権

<pre>
        請 求 債 権 目 録

金○○○万円

  ただし、債務者が令和○年○月○日ころから現在に至るまで、申立外○
○○○と同棲するなど債権者に対する不貞行為をしたことを原因として、
債権者が債務者に対して有する離婚に伴う慰謝料請求権金○○○万円
</pre>

9

物件目録・登記目録を作成する

■ 物件目録とは

物件目録（**書式15**）とは、仮差押、仮処分の対象目的物となる土地や建物がどのようなものかを表示した書面です。物件目録を作成することによって、目的となる不動産を特定して、執行対象を明確にしていくことができるのです。

■ 土地や建物の表示方法

基本的には、不動産登記事項証明書の記載内容（所在、地番など）を写して書いていけばよいことになります。なお、登記されていない、いわば未登記の建物の場合には「家屋番号（未登記)」と記載します。この場合は、後から裁判所書記官の職権で、その建物について登記の嘱託が行われることになります。

また、共有物件の場合は、書面中の一番下に持分を記載するのがよいでしょう。

■ マンションなど区分所有建物の場合

この場合は、一戸建ての建物などとは違い、表示方式も多少特殊なものになっています。

108ページの**書式16**の「一棟の建物の表示」という記載は、当該区分所有建物全体のことを指しています。その下の「専有部分の建物の表示」というのは、区分所有建物の中で、対象となっている具体的な建物を指します（書式例では301号室）。

その下の「敷地権の表示」や「附属建物の表示」も含めて、こ

の箇所については、不動産登記事項証明書の記載内容をそのまま
書き写していけばよいということになります。

■ 登記目録とは

対象目的物が登録自動車の場合は、登録事項証明書の記載内容
をそのまま書き写していきます。他に、建設工事に使う建設機械
についても、建設機械登記簿の記載内容通りに書き写していけば
よいということになります。

なお、物件目録の他に**登記目録（書式17）**という目録があり
ます。登記目録とは、対象目的物に抵当権や仮登記（将来の本登
記に備えて、あらかじめ登記の順番を確保するためになされる登
記）を設定している場合に作成する目録です。

✎ 書式15　物件目録

```
                   物　件　目　録

所　　　　在　　　東京都○○区○○町○丁目
地　　　　番　　　○○○番
地　　　　目　　　宅地
地　　　　積　　　○○○.○○平方メートル

所　　　　在　　　東京都○○区○○町○丁目○番地
家　屋　番　号　　○○○番○
種　　　　類　　　居宅
構　　　　造　　　木造亜鉛メッキ銅板ぶき2階建
床　　面　　積　　1階　○○.○○平方メートル
                  2階　○○.○○平方メートル

この共有持分2分の1
```

書式16　物件目録（区分所有建物）

物　件　目　録

(一棟の建物の表示)
所　　　　　在　　　○○区○○町○丁目○番地○
建 物 の 名 称　　　○○○マンション

(専有部分の建物の表示)
家　屋　番　号　　　○○町○丁目○○番○-○○
建 物 の 名 称　　　301号
種　　　　　類　　　居宅
構　　　　　造　　　鉄筋コンクリート造○階建
床　面　積　　　○階部分　○○.○○平方メートル

(敷地権の表示)
土 地 の 符 号　　　1
所在及び地番　　　○○区○○町○丁目○番○
地　　　　　目　　　宅地
地　　　　　積　　　○○○○.○○平方メートル
敷 地 権 の 種 類　　　所有権
敷 地 権 の 割 合　　　○○○○○○分の○○○○

(附属建物の表示)
符　　　　　号　　　1
種　　　　　類　　　車庫
構　　　　　造　　　鉄筋コンクリート造○階建
床　面　積　　　○階部分　○○.○○平方メートル

書式17　登記目録

登　記　目　録

東京法務局○○出張所令和○年11月7日受付第○○○○号抵当権設定登記

原　　　　因　　　　令和○年11月5日金銭消費貸借同日設定

債　権　額　　　　金3千万円

利　　　　息　　　　年7パーセント

損　害　金　　　　年14パーセント

債　務　者　　　　東京都○○区○○町○丁目○番○号　乙川次郎

抵　当　権　者　　　東京都○○区○○町○○番○号　甲山太郎

第2章

申立書の書き方

10

仮差押債権目録を作成する

■ 特定に欠けると却下される

債権の仮差押をする場合は、仮差押債権が、誰に対する、どのような債権であるのかなどを特定し、第三債務者が誰であるのかわかるようにしなければなりません。特定に欠けると、仮差押は不適法として却下されるので注意しましょう。

なお、この第三債務者の特定は、申立てをする債権者が自らしなければならず、裁判所が代わりに特定してくれることはありません。具体的にいうと、債務者がどこの銀行の、どの支店に口座を持っており預金しているかは、債権者自身が調査しなけれならないのです。また、仮差押をする口座の名義は必ず債務者自身のものでなければならず、それ以外の者、たとえば債務者の家族の名義の口座等をその対象とすることはできません。

■ 記載上の注意点

預金債権を仮差押する場合は、支店名まで記載します。また、預金が数種類あるときは、債務者に対するダメージをなるべく軽減していくという意味でも、**書式18**のような順序で記載するようにしましょう。

つまり、たとえば、当座預金の仮差押を一番に優先してしまうと、手形取引を行う債務者にとっては、後日大きな打撃になる可能性が出てくるでしょう。

各種代金債権についても、代金額まで特定することが要求されます。

仮 差 押 債 権 目 録

金500万円
　　ただし、債務者が第三債務者（○○支店扱い）に対して有する下記預金
債権のうち、下記に記載する順序に従い、頭書金額に満つるまで

記

1　差押えや仮差押のない預金とある預金とがあるときは、次の順序によ
　る。
　　　（1）先行の差押えや仮差押のないもの
　　　（2）先行の差押えや仮差押のあるもの

2　円貨建預金と外貨建預金があるときは、次の順序による。
　　　（1）円貨建預金
　　　（2）外貨建預金
　　ただし、仮差押命令が第三債務者に送達された時点における第三債務者
　の電信買相場（先物為替予約がある場合には、その予約相場）により換算
　した金額。

3　同一の通貨で数種の預金があるときは、次の順序による。
　　　（1）定期預金
　　　（2）定期積金
　　　（3）通知預金
　　　（4）貯蓄預金
　　　（5）納税準備預金
　　　（6）普通預金
　　　（7）別段預金
　　　（8）当座預金

4　同種の預金が数口あるときは、口座番号の若い順序による。
　　なお、口座番号が同一の預金が数口あるときは、預金に付せられた番号
　の若い順序による。

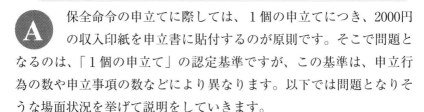

A 　保全命令の申立てに際しては、１個の申立てにつき、2000円の収入印紙を申立書に貼付するのが原則です。そこで問題となるのは、「１個の申立て」の認定基準ですが、この基準は、申立行為の数や申立事項の数などにより異なります。以下では問題となりそうな場面状況を挙げて説明をしていきます。

（ケース）　Ａが、自己のＢに対する債権を保全するために、Ｂの持ち家に仮差押を申し立てると共に、自己のＣに対する債権を保全するために、Ｃの持ち家にも仮差押を同日に申し立てた。

　この事例では、申立行為が複数であり、申立書ごとに手数料がかかります。したがって、２個の申立行為があるものとして、合計して4000円を納める必要があります。

（ケース）　Ａが、自己のＢに対する債権を保全するために、Ｂの持ち家と別荘に仮差押命令を申し立てた。

　仮差押命令の申立ては、被保全債権の数や、事例のような物件の数に関係なく、１個の申立てと考えられています。そこで、この事例では2000円を納めれば足ります。また、仮処分命令の申立てについても、１個の紛争について複数の仮処分命令を申し立てる場合には１個の申立てと考えることができます。

（ケース）　仮差押命令と仮処分命令を申し立てた。

　この事例では、両者の申立内容に質的な違いがあることから、１個の申立行為と考えることはできません。そこで、申立書を別々に用意して、各々の手数料を納付する義務が生じることになり、合計して4000円を納める必要があります。

第3章

担保の提供・供託など
申立て後の手続

① 保全命令手続の審理について知っておこう

債権者の面接は行われるものであると考えておく

■ 裁判所が下す判断には３つある

裁判所が下す判断には、判決、決定、命令の３つがあります。

判決は、重要な事項について下される裁判所の判断なので、口頭弁論（当事者が、裁判官の面前で、お互いに意見や主張を述べること）などの厳格な手続を経ることが要求されます。

決定や**命令**は、判決ほど重要でない事項について下される判断です。保全命令の判断は判決ほど重要というわけではなく、しかも迅速な判断が要求されることから、判決ではなく、決定の判断方法が用いられます。なお、決定は裁判所の判断であり、命令は裁判官の判断です。

■ 首都圏の裁判所では債権者の面接（審尋）が行われる

審尋とは、当事者に対し口頭などにより陳述の機会を与える手続です。審尋には、債権者を対象とした審尋（面接）と、債務者を対象とした審尋（債務者審尋）の２つがあります。

民事保全事件の中の仮差押と係争物（訴訟において争いとなる目的物）に関する仮処分については、当事者を呼ばずに、事前に提出された書類のみに基づいて審理を行うという書面審理が原則となっています。

ただし、多数の民事保全事件を扱っている東京や大阪などの裁判所では、原則として、全件について債権者の面接が行われています（これを全件面接といいます）。「面接」と「審尋」は、厳密には意味が異なるのですが、当事者から見れば、とくに大きな違

いはありません。「面接」を法律用語で難しく言うと「審尋」と表現すると理解しておいてよいでしょう。

全件面接を採用しているのは、裁判所と債権者が顔をつき合わせて口頭でやりとりした方が、書面だけの審理よりも迅速に民事保全手続を処理できると考えているからです。そこで、債権者としては提出済みの書類に基づいて、十分に説明できるよう周到に準備しておかなければなりません。書面の不備の指摘に対して十分に説明できないと、補正（手続や内容の不足や不備がある場合に、これを追加したり補ったりして正しい内容にすること）を裁判所から求められるからです。このことから、面接の有無にかかわらず、書類の内容が非常に重要になってくることは、よく理解しておいてください。

以上の債権者の面接に対して、債務者審尋の手続がとられることは、実務上少ないといえます。ただし、27ページで述べたように、仮の地位を定める仮処分の場合は、原則として口頭弁論または債務者が立ち会うことができる審尋を経なければなりません。

■ 審尋期日決定後に債権者が行うことは

債務者審尋の手続がとられる場合は、必ず債権者を対象とした審尋（面接）も行われます。そこで、債権者が裁判所から審尋期日（審尋が行われる日）の通知を受けたときは、できるだけ早く裁判所に提出した書類や資料を債務者に直接送付しなければなりません。書面を事前に送付しておけば、後の手続も円滑になる上に、手続の公平性にもかなうからです。

もっとも、債権者・債務者間の無用な摩擦を避けるという意味からも、裁判所を介して債務者に送付することも認められています。なお、審尋の場には裁判所書記官が立ち会って調書を作成するのが原則です。

■ 債権者は裁判所に「疎明」しなければならない

　債権者は、裁判所に被保全権利（の存在）と保全の必要性を疎明しなければ、保全命令の申立てが却下されてしまいます。

　疎明とは、「裁判官が一応確からしいという程度の心証を抱いた状態」であると説明されることがあります。しかし、債権者の立場で定義すると、債権者が被保全権利の存在を裏づける証拠を提出することで、「債権者の言い分は60〜70パーセント信用できる」と裁判官に認めさせる行為のことをいいます。

　これに対して、裁判官に80〜90パーセントのレベルまで認めさせる行為を**証明**といいます。裁判官に「証明」のレベルにまで心証を抱かせるには、たとえば、証人を呼んで尋問したり、鑑定の申請をしなければならない場合が出てくるはずです。しかし、「疎明」でよいということになると、そこまでの立証活動は制度上も要求されていません。

　そこで、疎明方法は、裁判官がその場で「即時に取り調べることができる証拠」でなければならないとされています。

■ 保全命令の申立てを無条件に取り下げることもできる

　民事保全事件は、裁判所や裁判官に判断を仰いでもらうための裁判手続ですから、基本的な手続の流れが本案の民事訴訟と似ているのは、ある意味当然のことです。

　たとえば、審尋期日に和解で決着をつけることもできますし、債権者がいったん行った保全命令の申立ては、後から取り下げることもできます。ただし、民事訴訟の場合だと、取り下げるのに債務者の同意が必要になることもありますが、保全命令の申立ての取下げの場合は、債務者の同意は必要ありません。

2 担保について知っておこう

保全命令を申し立てるにあたり担保を提供する

■ 担保とは何か

　担保とは、債権者が保全命令の申立てをするにあたって提供しなければならない金銭などのことです。債権者が申し立てた保全命令が違法・不当な場合、債務者は損害をこうむることがあります。その場合に、債権者があらかじめ提供しておいた金銭などで債務者を保護していく、という役割が担保制度にはあります。

■ 実務上、無担保で発令されることはない

　民事保全法には、裁判所は無担保で保全命令を発することができる旨の規定が存在しますが、無担保で保全命令が発せられることはほとんどありません。

　そうなると、債権者の一番の関心事は、具体的な担保の額となるでしょう。担保の額は、請求債権額や目的物の価額、さらには疎明の程度を考慮して決定されることになります。

■ 担保提供期間は何日間か

　債権者が担保を提供する（金銭などを納める）期限については、裁判所によって異なります。ただし、どこの裁判所も、担保決定の告知があった日の翌日から起算して3〜7日程度に期限を設定しているようです。

　この期間内に担保を提供しないと、保全命令の申立てが却下されてしまうので注意しましょう。裁判所によっては、一定の要件を満たせば、期限到来の翌日から1週間に限り、担保期間の延長

を認めているようです。詳しい内容については、申立先の裁判所に問い合わせてください。

■ 担保の提供は金銭以外でもできるか

担保提供の方法には、①金銭提供の方法、②有価証券提供の方法、③支払保証委託契約を締結する方法、④当事者間の特約に基づく方法の4つがあります。民事保全法では、以上の4つが同等に並んで規定されていますが、基本的には金銭提供の方法によると考えるべきです（支払保証委託契約については、125ページ）。

次に、有価証券提供の方法による場合の注意点について述べておきます。有価証券は金銭と違い短期間で価値が変動しやすいことから、額面金額がそのまま評価額になるわけではありません。そうした事情から、有価証券提供の方法が認められるとしても、実際に認められるのは一部の有価証券だけです。具体的には、国債、地方債、大会社や銀行の株券のように、長期的に価額が安定していると思われる有価証券だけが担保として認められます。なお、具体的な評価額ですが、たとえば、国債や地方債は、額面の20 ～ 40パーセントの評価がなされています。

■ 担保の提供は第三者でもできる

担保の提供は債権者本人が行うのが原則ですが、債権者の親族などの第三者も行うことができます。ただし、第三者が申し立てる場合は、裁判所に上申書（なぜ本人ではなく第三者が担保提供をするのかについての理由を述べた書面）を提出し、裁判所の許可を得ることが必要とされています。

■ 債権者または債務者が複数いる場合の申立方法は

①債権者が複数いる場合に債権者全員が一括共同して1個の担

保を提供することや、②債務者が複数いる場合に債務者全員のために債権者が一括して担保を提供すること（これらを共同担保といいます）はできるのでしょうか。

たとえば、損害賠償請求権は、本来は個々の債権者または債務者ごとに損害額が決められていくべき性質のものですから、担保額についても各人ごとに決められていくのが原則です。

しかし、実務上の便宜から、共同担保の方法をとることも認められています。裁判所が共同担保を決定すると、次のような文面の決定文書が債権者に告知されます。

・債権者らは、債務者のため、共同の担保として、金200万円を
　5日以内に供託すること（上記①の場合）
・債権者は、担保として、債務者全員のため、金200万円を5日
　以内に供託すること（上記②の場合）

● 担保の提供

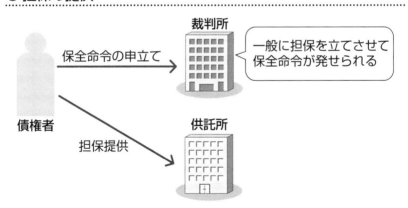

3 供託書の書き方や手続きについて知っておこう

誤記のないように正確に書類を作成する

■ 供託する場所はどこか

　一言で「供託」と言ってもその意味はさまざまですが、本章で説明していく供託は「担保の提供」という意味で使われます。供託の場所は、法務局やその支局、出張所などです（以下、これらを総称して供託所といいます）。もっとも、それらの場所であれば全国どこでもよいわけではありません。民事保全法では、担保の提供を命じた裁判所または保全執行裁判所を管轄する地方裁判所の管轄区域内の供託所に担保を提供すると規定されています。

　もっとも、それら以外の供託所では絶対にダメだというわけではなく、裁判所の許可を得て、他の供託所を選択できる場合もあります（これを管外供託といいます。122ページ）。

　担保を提供した後は、その提供した事実について、担保決定をした裁判所に証明する必要があります。その証明方法ですが、供託書正本またはみなし供託書正本などに、それを1部コピーしたものを添付して裁判所に提出します。

　この供託書正本等を裁判所に提出することで、保全命令の申立てをした債権者が、裁判所の担保決定に従って供託をしたことが証明されます。供託所が本人に代わって裁判所に連絡してくれるわけではないことに注意しなければなりません。

■ 供託書の記載方法

　ここでは、123ページの書式例（**書式1**）に沿って、記載上の注意点を解説していきます。以下のAからⅠに沿って記載してみ

てください。

> A … 申請年月日は現実に供託する日を記載します。
> B … 供託所の表示（供託の場所）は、前項で述べたとおりです。
> C … 住所、氏名は正確に記載します。第三者が供託をする場合は、備考欄に「第三者供託」と記載します。
> D … 債務者が法人などの場合、代表者の氏名を記載する必要はありません。なお、債務者を特定しない不動産占有移転禁止仮処分の申立ての場合は、「備考欄記載の不動産を占有する者」と記載します。
> E … 金額を書くときは、冒頭に「¥」をつけます。
> F … 法令条項には「民事保全法14条1項」と記載します。管轄供託所以外の供託所に供託する場合は、備考欄に「民事保全法14条2項の許可による供託」と記載します。
> G … 支部に申請する場合は、支部名まで記載します。事件名も省略せずに事件番号から正確に記載します。
> H … 債権者は左に、債務者は右に○をつけます。
> I … 共同担保の場合はその旨を記載します。たとえば、債権者複数の場合は「債権者らの共同担保」、債務者複数の場合は「債務者全員のための共同担保」などと記載します。

■ 第三者による供託書の書き方

　第三者が供託する場合は、上申書と申請者の印鑑証明書（法人の場合は登記事項証明書）を提出します。ただし、第三者が代理人の場合は許可申請書のみの提出でよいとされています。供託とはあくまでも、供託をする者の金銭などを一時的に預け入れるに

過ぎないものなので、本人の代理人が供託する場合にまで、厳密な手続きを要求する必要はないからです。

■ 管外供託による供託書の書き方

前ページで述べたように、債権者は、裁判所の許可を得て、管轄区域外の供託所に担保の提供をすることができます。

民事保全法14条2項は、「管轄区域内の供託所に遅滞なく担保を提供することが困難な場合」に、裁判所の許可を得て、「裁判所が相当と認める地」に担保を提供できると規定しています。たとえば、債権者または債権者代理人の住所地や営業所の所在地などは、裁判所が相当と認める地であると考えてよいでしょう。

■ 供託書の記載内容に誤りがあるとき

供託書の記載内容に明白な誤記がある場合には、その訂正によって供託の同一性が害されないときに限り、供託者は供託書の訂正申請をすることができます。

これに対して、供託書の訂正によって供託の同一性が害される場合は、供託所の訂正申請を行うことはできません。この場合、すでに提供した供託金の取り戻す手続きを行った上で、あらためて供託書を作成して供託手続きを行う必要があります。具体的には、供託者は裁判所に対して「不受理証明申請書」（書式2、124ページ）を提出して不受理申請を行い、不受理証明書の交付を受けた後、供託所に対し、不受理証明書を添付して供託金の取戻手続を行い、返金を受けた上で、供託書を作成し直すこととなります。

供託書の訂正申請で済むのか、それとも再供託をする必要があるのか、必ず裁判所（書記官）に確認をしましょう。

書式1　金銭による供託の場合の供託書

供託書・OCR用
（裁判上の保証及び仮差押・仮処分解放金）

申請年月日	令和○年 11 月 7 日	
供託所の表示	東京法務局 東京地方	

供託者の住所氏名

住所　東京都○○区○○町○丁目○番○号

氏名・法人名等　株式会社あけぼの信販

代表者等又は代理人住所氏名
東京都○○区○○町○丁目○番○号
代表取締役　あけぼの次郎

□別紙のとおり
ふりがなから以下別紙継続用紙に記載してください。

被供託者の住所氏名

住所　東京都○○区○○町○丁目○番○号

氏名・法人名等　北野海男

□別紙のとおり
ふりがなから以下別紙継続用紙に記載してください。

受理　　　　年　月　日　（印）

供託金額	千億 百億 十億 億 千万 百万 十万 万 千 百 十 円
	¥ 1 5 0 0 0 0 0 0

↓濁点、半濁点は1マスを使用してください。

| 供託者カナ氏名 | カ | ブ | シ | キ | カ | ゛ | イ | シ | ャ | ボ | ゛ | ノ | シ | ン | ゜ | ン | | |

法令条項　民事保全法第14条1項

| 裁判所の名称・事件の名称等 | 東京地方 裁判所 支部 令和○年（ ヨ ）第○○号債権仮差押命令申立事件 |

	□報告 □申請人 □被申請人 □債務者
当事者	□報告 □債権者 □債務者 被供託者

供託の原因たる事実

□訴訟費用の担保

□仮執行の担保

□仮執行を免れるための担保

□強制執行停止の保証

□強制執行取消の保証

□強制執行続行の保証

□仮差押の保証

□仮差押取消の保証

□仮処分の保証

□仮処分取消の保証

□仮差押解放金

□仮処分解放金

□その他

備考

（注）1. 供託金額の冒頭に¥記号を記入してください。なお、供託金額の訂正はできません。
2. 本供託書は折り曲げないでください。

□字加入　□字削除
□字加入　□字削除

係員 貼付印紙 閲覧 記品録

頁 /（第2号様式印用紙分）

書式2　不受理証明申請書（受領書）

不受理証明申請書

収入印紙
150円

令和○年11月7日

東京地方裁判所民事第9部　御中

債権者代理人　○　○　○　○　㊞
債　権　者　○　○　○　○
債　務　者　○　○　○　○

上記当事者間の東京地方裁判所令和○年（ヨ）第○○号

□仮差押命令申立事件　　　□仮処分命令申立事件
について、別紙供託書に
□被供託者の住所　　　　□被供託者の氏名　　□法令条項
□裁判所の名称及び件名等　□当事者　　　　　□供託の原因たる事実
□備考　　　　　　　　　□
を
□
□
□
□民事保全法第14条第1項
□東京地方裁判所令和　　　年（ヨ）第　　　　号　　　　命令申立事件
□7.　仮差押の保証　　　　□9.　仮処分の保証
と記載しなかったため、別紙供託書が御庁に受理されなかったことを証明して
ください。

受　領　書
上記証明書を受領しました
令和　　　　　年　　　　　月　　　　　日
債権者代理人

東京地方裁判所民事第9部　御中

（注）　証明申請事項及び証明事項は、□にレ　　　を付したものである。

4 支払保証委託契約を締結するにはどうすればよいのか

契約の相手方は銀行や損害保険会社になる

■ 支払保証委託契約を結ぶ

　担保の提供は、供託所での提供の他に、銀行などの機関との間で支払保証委託契約を結ぶという方法によることもできます。

　この方法によって担保を立てる場合、担保決定をした裁判所に許可申立書（**書式3**、126ページ）を提出して許可を得なければなりません。

　許可申立書には、支払保証委託契約の相手方を明確に示す必要があり、書式例では、銀行の所在地と名称を記載しています。

　契約の相手方は、銀行、信用金庫、農林中央金庫、損害保険会社などです。これらの機関が相手方の場合は、発令裁判所の管轄区域外の店舗でもよいとされています。ただし、裁判所によっては、なぜ管轄区域外での支払保証委託契約なのかについて債権者から説明を求めるために、上申書を提出させるところもあります。

● 支払保証委託契約

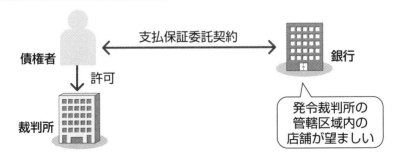

支払保証委託契約による立担保の許可申立書

令和○年11月 7 日

東京地方裁判所　御中

申請人代理人　弁護士　○　○　○　○　㊞
申請人（債権者）○　○　○　○
被申請人（債務者）○　○　○　○

　上記当事者間の御庁令和○年（ヨ）第○○○○号債権仮差押命令申立事件について金○○万円の担保を立てることを命じられた。よって民事保全法第 4 条、民事保全規則第 2 条の規定により、上記担保を下記銀行と支払保証委託契約を締結する方法によって立てることの許可を求める。

記

所在地　東京都○○区○○○町○丁目○番○号
株式会社○○銀行　○○支店

上記申請を許可する。

　　令和　　年　月　日
　　　東京地方裁判所
　　　　　　　裁判官
これは謄本である。

　　同日同庁
　　　裁判所書記官

5 担保の変換手続とはどんなものなのか

有価証券に変換する際に注意する

■ どのような手続なのか

　担保の変換とは、たとえば、はじめは金銭を提供したが、後に有価証券に変換してもらうというように、はじめに提供した担保を、他の担保に変えることをいいます。担保の変換をするには、担保決定をした裁判所に対して申し立てることが必要です。

　裁判所が担保の変換を認めると、担保物変換決定を下すことになります。申立人がすでに担保物変換決定前の担保を提供しているときは、供託金の払渡しを請求することができます。

　また、支払保証委託契約を結んでいる場合は、銀行などに対して解約手続をとることになります。

■ 変換の手続について

　変換の手続の流れは、以下のとおりです。

① 金銭から有価証券に変換する

　有価証券目録を申立書に添付して裁判所に提出します。118ページでもふれましたが、有価証券は、市場価値が変動しやすいことから、額面通りに評価されることはありません。額面額の何割か増しの有価証券を供託できないようであれば、申立ては却下されるでしょう。

　具体的には、国債、地方債は額面の20～40パーセント増しを、株式は前日最終値の30～100パーセント増しを考えておく必要があります。なお、株式は、銀行や大会社などの安定した株式でなければ受け付けてもらえません。裁判所が担保物変換決定を下す

と、有価証券を供託し、そのことを裁判所に証明するために、供託書正本の提示とその写しを裁判所に提出します。

② **有価証券から金銭に変換する**

　この場合は、上記①のように面倒な話はありません。単に申立書を提出すれば、容易に裁判所から担保物変換決定が下りるでしょう。担保物変換決定が下りた後は前述した①と同じです。つまり、金銭を供託し、そのことを裁判所に証明するために、供託書正本の提示とその写しを裁判所に提出します。

③ **金銭から支払保証委託契約による担保に変換する**

　申立書と支払保証委託契約による立担保の許可申立書を2通提出します。そのうち1通は、担保物変換決定の謄本として申立人に交付されます。

● 担保の変換

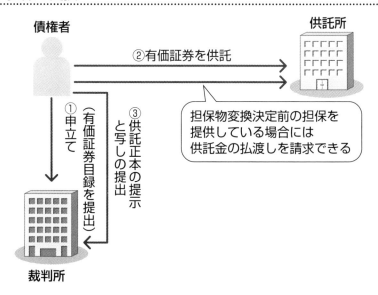

第4章

決定から
保全執行までの手続

1 決定について知っておこう

決定書の記載事項について把握しておく

決定とは

決定という言葉もわかりづらい法律用語のひとつです。民事保全法でいうところの「決定」とは、債権者の保全命令の申立てに対する裁判所の判断をいいます。裁判所が決定を下すと、133ページ以下に挙げている書式例のような決定書を作成して債権者及び債務者に正本を送達するのが原則です。

ただし、例外的に決定書を作成しないこともあります。その場合は、口頭弁論または審尋の期日に口頭で言い渡しをします。その言い渡した内容を裁判所書記官が調書にまとめて、後日当事者に送達することが認められる場合があります。

決定書の記載事項について

決定書が作成された場合は、次の事項が記載されます。

①事件の表示 ②当事者の住所氏名などの表示 ③担保額および担保提供方法 ④主文 ⑤決定の年月日 ⑥裁判所の表示

以上に挙げた記載事項については、133ページ以下の書式例を参照していただいた方がイメージをつかみやすいでしょう。なお、各記載事項で注意していただきたいのは、仮差押命令や仮処分命令の主文の中で表示される仮差押と仮処分の解放金についてです。そこで、以下では、これらについて説明をしていきます。

■仮差押解放金とは

仮差押解放金とは、債務者が仮差押を解いてもらうために供託する金銭のことです。裁判所は、必ず仮差押解放金の額を定めなければならないことになっています。

仮差押は金銭債権の保全を目的とするので、被保全債権に相当する金銭を債務者に供託してもらえれば債権者にとっては好都合です。また、債務者にとっては仮差押解放金を供託することによって、所有財産への不必要な執行から逃れることができます。債務者は、申立ての取下げや保全命令の取下げなど、保全命令の効力が失われた場合には供託物を取り戻すことができます（供託物取戻請求）が、債務者が供託した金銭は仮差押の目的物に代わります。つまり、債権者は本案訴訟確定後、供託物取戻請求権について金銭債権を執行していくことができます。

なお、裁判所はどのような基準で仮差押解放金額を定めるのでしょうか。この点につき、債権者としては、①被保全債権が保全されれば満足であること、②裁判所としては迅速に処理できること、という2点をおもな理由として、被保全債権の額を基準に定めています。

■仮処分解放金とは

仮処分についても、仮差押と同様に債務者が金銭を供託することによって仮処分を解いてもらうことができるのでしょうか。仮処分は本来、金銭的保証によって債権者が満足できる性質のものではありません。

しかし、民事保全法は係争物に関する仮処分に限って、厳格な要件の下に仮処分解放金の額を定めることができると規定しています。「厳格な要件」とは、一言で言えば、債権者が金銭の支払を受けることで満足できる場合をいいます。

たとえば20ページで述べた事例がこれにあたります。そこで、以下事例をおさらいしておきましょう。

AがBに時計を預けていたが、Bは約束の期日になっても返そうとしません。それどころか、Bは売主としてCと時計の売買契約を結んでしまいました（ただし、まだ引渡しはしていない）。Aとしては、BからCに時計が引き渡されてしまう前に何とか手を打っておきたいところです。そこで、Aは時計の処分を禁止する仮処分命令を申し立てた、というのが20ページの事例でした。

この場合に、Aは時計の時価と同額の金銭を債務者に供託してもらうことができれば、最終的な目的を達成することができると考えられます。

なお、仮処分解放金を定めるに際して債権者から意見を聴取する場合があります。また、こうした手続の後で、債権者は裁判所が定めた解放金額について異議がない旨の上申書を提出させられることがあります。

● 仮差押解放金のしくみ

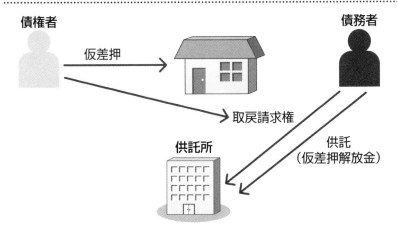

仮差押決定

当事者の表示　　　　　別紙当事者目録記載のとおり
請求債権の表示　　　　別紙請求債権目録記載のとおり

　上記当事者間の令和○年（ヨ）第○○○号不動産仮差押命令申立事件について、当裁判所は、債権者の申立を相当と認め、債権者に
　　金○○○万円
の担保を立てさせて、次のとおり決定する。

主　　　文
　債権者の債務者に対する上記債権の執行を保全するため、別紙物件目録記載の債務者所有の不動産は、仮に差し押さえる。
　債務者は、金○○○万円を供託するときは、この決定の執行の停止又はその執行処分の取消しを求めることができる。

　　令和○年11月7日
　　　○○地方裁判所民事第○部
　　　　　裁判官　　○　○　○　○　㊞

2 決定正本を送達する

■ 債権者と債務者に同時送達されるとは限らない

130ページで述べたように、裁判所が決定を下すと、債権者・債務者には決定の正本が送達されることになっています。当事者に保全命令の内容を知らせる必要があるからです。また、債権者にとっては保全執行を行う際に必要になります。

ただし、債権者と債務者に同時に送達されるわけではありません。なぜなら、債権者の保全命令の申立てを債務者に事前に知られてしまうと、執行前に財産を隠されてしまうおそれがあるからです。

■ 送達の時期について

債務者への送達時期については、仮差押をする対象によって異なります。実務上は以下のようになっています。動産の仮差押の場合、裁判所は債権者にまず送達して、執行が完了した後に債務者に送達します。

また、債権の仮差押の場合には、第三債務者に送達した後に、債務者に送達することになります。不動産の仮差押については、登記が完了した後に債務者に送達されます。

このように債務者への送達が遅くなり後で知ることになってしまっても、それは不当なことにはなりません。そもそも保全とは、その財産を今のままの状態に保つに過ぎず、債務者の財産を決定的に侵害するようなものではないからです。

3 決定の更正の申立てを行う

債権者は目的物や対象者を十分調査しておくこと

■ 決定内容が間違っていたときは

　仮差押命令と係争物に関する仮処分については、債務者審尋が行われずに、債権者からの一方的な調査結果に基づいて決定が下されることがあります。そのためか、決定内容に誤りが出てくることも少なくありません。

　たとえば、当事者目録に記載した第三債務者の氏名住所や目的物の表示が間違っていた場合などがこれにあたります。その場合、債権者は更正決定の申立てを行うことによって、裁判所に決定内容を変更してもらうことができます。

✎ 書式　更正決定の申立書

更正決定の申立書

○○地方裁判所民事第○部　御中

令和 ○ 年 ○ 月 ○ 日

申立債権者　　○○○○　　㊞

　　　債　権　者　　○○○○
　　　債　務　者　　○○○○
　　　第三債務者　　○○○○

　上記当事者間の御庁令和○年（ヨ）第○○○○号債権仮差押命令申立事件について、令和○年○月○日決定のあった仮差押決定のうち、当事者目録中第三債務者の代表者代表取締役の氏名が、「甲山太郎」とある部分は「乙川次郎」の誤りであることが明白でありますので更正決定されたく、この申立てをします。

添付書類

　登記事項証明書

---

4 保全執行をする

■ 保全執行を申し立てるには

　保全執行の申立ては書面で行います。ただし、保全命令をする裁判所が保全執行の裁判所となる場合（ほとんどがこの場合にあたるでしょう）は、保全命令の申立てとは別に、保全執行の申立てを考える必要はありません。この場合は、保全命令の申立てを行えば、保全執行の申立ても同時になされます。

■ 保全執行は誰が行うのか

　保全執行を行うのは、裁判所または執行官です。ただ、債権者の立場で考えた場合、執行機関がどちらでも基本的に変わるところはありませんので、本書ではこの点についての詳細な説明を割愛します。

■ 保全執行前に債務者が変わったときは

　債権者は、保全命令の申立て後も債務者が変わっていないかについて改めて確認した方がよいでしょう。たとえば、債務者が死亡していた場合は、債務者の相続人に執行していくことができますが、その場合は、新たに承継執行文の付与の申立てをしなければなりません。

　なお、保全執行「後」に債務者が死亡した場合には執行文の付与は必要ありません。

第5章

ケース別
保全手続の執行方法

1 登記による不動産仮差押について知っておこう

登記の嘱託は裁判所書記官が行う

■ 不動産の仮差押をする

不動産に対する仮差押の執行には、①仮差押の登記をする方法、②強制管理の方法、③両者を併用する方法の３つがありますが、ここでは①の方法について説明していきます。

■ 具体的にどのように行うのか

仮差押の登記は、執行裁判所の裁判所書記官による嘱託によってなされます。

「登記を嘱託する」というのは、「債権者のために仮登記を設定してくれ」と裁判所から登記所にお願いすることをいいます（ただし、例外として、債権者が登記嘱託書を登記所に直接持参する場合があります）。仮差押の登記が設定されると、以後、債務者が当該不動産を処分したり、第三者に抵当権を設定されても債権者の仮差押の権利が優先することになります。

■ 登記嘱託後に登記所から却下された場合について

保全命令の申立てが認められた後の手続は、裁判所主導で進められていくのが基本です。ですから、債権者としては高見の見物をしていればよいということになりそうです。

ところが、登記嘱託後に登記所から裁判所に対して「この登記嘱託は受け付けることができません」と言われて、登記嘱託が却下される場合があります。これは、登記嘱託をした裁判所書記官に手続上のミスがあったことだけが原因ではありません。他にも

原因として考えられるのは、嘱託の前後で事情の変更があった場合、債権者にミスがあった場合などです。以下、具体例で説明しましょう。

① 記載上の軽微なミスが嘱託書の中から見つかった場合

このケースは軽微なミスなので、登記所で誤字を訂正して、その訂正した書類によって嘱託をやり直すことができる場合もあります。

ただし、ケースによっては、裁判所が保全命令の更正決定をして、その正本を登記所に送付するという方法がとられることがあります。それと同時に、嘱託書に押された捨印を利用して嘱託書の記載の補正をすることになります。

② 登記事項証明書の変更があり、嘱託書と符合しない場合

この場合はケース・バイ・ケースで処理されます。たとえば、嘱託書受理前に所有権移転による登記名義人が変更した場合は、事態は重大であることから、単なる記載の訂正ではすまされません。この場合は、再度嘱託書を作成、提出することになります。

しかし、たとえば、登記事項証明書記載の登記名義人の氏名や住居表示が後に変更された程度であれば、前述の場合と違って事態はそれほど重大ではありません。この場合は、権利主体に変更があったわけではないことから、上記①で述べた記載の補正で足りると考えられています。

③ 記載に誤りはないが、債権者側にもともと手続上のミスがあった場合

たとえば、債権者が嘱託書を登記所に持参する扱いにした場合に、本来の登記所ではなく、違う登記所に提出してしまった場合です。この場合には、保全命令が債権者に送達されてから2週間以内であれば再度嘱託をすることができます。

2 強制管理による執行について知っておこう

申立書は保全執行裁判所に提出する

■ 強制管理の申立てをする

強制管理とは、債務者が不動産から受け取っている収益（賃料など）を取り上げる手続のことをいいます。

強制管理は、強制管理申立書（**書式1**、142ページ）を提出することによって申し立てることができます。提出先は、保全執行裁判所です。ここでいう保全執行裁判所とは、不動産所在地を管轄する地方裁判所のことをいいます。たとえば、債権者が東京に住んでいて、対象となる不動産が沖縄にある場合、債権者は沖縄の地方裁判所に申し立てなければならないということです。ただし、申立書の提出は郵送でもかまわないとされていることから、手続上それほどわずらわしいことはないでしょう。

申立書の記載内容は定型化されているといってよく、142ページ書式例のとおりになります。添付書類は、債務名義となる書類（確定判決の正本など）、送達証明書、登記事項証明書、不動産に対して課税される額を証明する書類、資格証明書（当事者が法人である場合に、法人の代表者である旨を証明する書面）、委任状などです。以下では、法律上、最低限記載しなければならない事項を挙げておきます。

・当事者を表示する

・目的不動産を表示する

・強制管理を申し立てる旨を記載する

・金銭債権の一部について申し立てるときは、その旨を表示する

・強制管理の対象となる不動産からの収益について記載する

■ 執行手続について

　強制管理は、次の①～④の流れで手続が進んでいきます。

① 　債権者が強制管理申立書を提出する。

② 　裁判所が「強制管理を認めますよ」という決定をする。さらに、債務者に対して収益の処分を禁止するように命じる。

③ 　収益給付義務を負う第三者がいるときは、その第三者が収益を管理人に給付するように、債務者とその第三者に対して「強制管理開始決定」という書面を送達して知らせる。

④ 　裁判所書記官が登記所に対して仮差押の登記嘱託をする。

■ 裁判所が管理人を選任する

　管理人とは、不動産の収益（たとえば賃料など）を管理する者で、その多くは弁護士、執行官です。ただし、法律上、銀行やその他の法人も管理人になることができるとされています。保全執行裁判所が、強制管理開始決定と同時に管理人を選任するとその旨が書面にも記載されることになります。

● 強制管理のしくみ

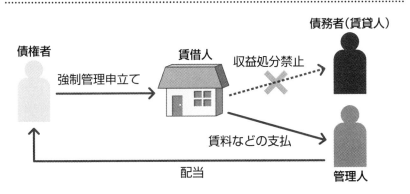

強制管理申立書

収入
印紙

令和○年11月7日

○○地方裁判所　御中

申立人（債権者）　　○○株式会社
上記代理人弁護士　　○○○○　㊞

当　事　者
請　求　債　権
目　的　不　動　産　　別紙目録記載のとおり
給　付　義　務　者
収　　　益

　債権者は、債務者に対し、別紙請求債権目録記載の判決正本表示の債権を有しているので、債務者所有の別紙物件目録記載の不動産に対する強制管理を求める。
　なお、別紙当事者目録記載の給付義務者は、上記不動産を債務者から賃借し、別紙収益目録記載の賃料債務を負っている。

添付書類

1　執行力ある確定判決の正本　　　　　　　　　　　　　1通
2　同送達証明書　　　　　　　　　　　　　　　　　　　1通
3　登記事項証明書　　　　　　　　　　　　　　　　　　1通
4　不動産に対して課される租税その他の公課の額を証する文書　1通
5　資格証明書　　　　　　　　　　　　　　　　　　　　1通
6　委任状　　　　　　　　　　　　　　　　　　　　　　1通

当事者目録

東京都○○区○○町○丁目○番○号
　　　　　　債権者　　○○○○
東京都○○区○○町○丁目○番○号
　　　　　　債権者代理人弁護士　　○○○○
東京都○○区○○町○丁目○番○号
　　　　　　債務者　　○○○○
東京都○○区○○町○丁目○番○号
　　　　　　給付義務者　　○○○○
東京都○○区○○町○丁目○番○号
　　　　　　給付義務者　　○○○○

請求債権目録

　債権者、債務者間の○○地方裁判所令和○年(ワ)第○○○○号
○○事件の決定正本に表示された下記債権
　　　　　　　　売買代金　　金○○○万円

物　件　目　録
　　(略)

収　益　目　録

1か月当たり金○○○万円（内訳は以下のとおり）

記

1　金○○万円
　ただし、給付義務を負う第三者○○○○が債務者に対して負担する
別紙物件目録記載1の建物の1か月分の賃料債務

3 債権仮差押の執行について知っておこう

第三債務者に対する調査も大切である

■ 執行方法について

債権の仮差押の執行は、決定正本が第三債務者に送達されたときに効力が生じます。仮差押の執行の「効力が生じる」ということの具体的な意味は、「債務者に弁済するな」という処分禁止の命令を第三債務者が守らなければならなくなることであり、これによって執行が完了することになります。

なお、債権の仮差押の執行を行うのは、強制管理の場合と異なり、仮差押命令を発令した裁判所になります。つまり、発令裁判所も執行裁判所も同じとなるので、債権者は仮差押執行の申立書をさらに提出する必要はありません。

また、送達によって「執行が完了する」ということの具体的な意味ですが、当該仮差押債権が第三者に渡った場合でも、仮差押の効力がその第三者に優先するということです。なお、債務者に対する送達時期は、第三債務者に対する送達が完了した後になるのが通例です。

■ 第三債務者の転居などで仮差押命令が不送達になったとき

裁判所が第三債務者に決定正本を発送しても到達しない場合があります。たとえば、発送しても不在留置期間が満了して、裁判所に還付された場合がこれにあたります。この場合は、執行期間がすでに経過していることから、仮差押命令が失効すると考えるのが筋です。

しかし、これでは不送達に落ち度がない債権者に非常に酷です。

そこで、この場合は、実務上、執行期間経過後に債権者に「再送達してほしい」旨の上申書を発令裁判所に提出してもらうことを条件に再送達をすることになります。

また、第三債務者の転居などの事情で不送達となった場合には、債権者に新しい住所の記載された上申書を提出させてから送達手続をとるという運営がなされています。

■ 第三債務者に対する陳述催告の申立てとは

債権者にとって仮差押の対象となる目的債権は、債務者と第三債務者という他人間の権利関係の問題なので、基本的に債権者の関与することではありません。ですから、債権者が当該債権の内容を正確に把握すること自体、実は非常に難しいところがあります。また、当該債権の内容云々を語る以前に、そもそも債権そのものが存在しない可能性もあります。

そこで民事保全法は、裁判所が第三債務者に当該債権の存在や内容を確認することを義務付けました。それが**第三債務者に対する陳述催告の申立て**です。

裁判所書記官は、第三債務者に対して仮差押命令と共に、陳述催告書を送達しなければならないことになっています。**陳述催告書**とは、債権者が主張しているような目的債権が本当に存在するのか、存在するとしたらその内容はどうなっているのかなどについて、裁判所が第三債務者に確認を求める文書をいいます。

第三債務者は、催告に対する回答を記載した陳述書（**書式2**、150ページ）を2通裁判所に送付して、裁判所がそのうち1通を債権者に送付することになっています（ただし、一部の裁判所では、第三債務者の方から債権者に1通を直接送付する取扱いにしているところもあります）。

■ 陳述書作成上の注意点

陳述書には、以下に示すものを記載する必要があります。
・仮差押にかかる債権の存否
・仮差押債権の種類と額
・弁済の意思の有無
・弁済する範囲や弁済しない理由
・仮差押債権者に優先する権利を有する者
・他の差押え（滞納処分などを含む）、仮差押、仮処分

■ 債権者は不誠実な第三債務者に損害賠償責任を追及できる

裁判所が第三債務者に対して催告に対する陳述書の回答を求めたのに、第三債務者が回答に応じない、または、ウソの陳述を行うということがあります。

その場合に、債権者は第三債務者の行為によって受けた損害を填補させるために、法的責任を追及することができる場合があります。

■ 担保権付債権を仮差押する場合の注意点

ここでいう担保権とは、先取特権、質権、抵当権、仮登記の権利などのことです。担保権付債権とは、こうした権利がついている債権のことです。担保付債権を仮差押した場合、担保権にも仮差押の効力が及びます。ただし、その効力を第三者に対抗するためには、登記をしなければなりません。

そこで、この場合、債権者は151ページの「登記嘱託申立書」（**書式3**）を提出して登記の嘱託をする必要があります。

■ 第三債務者に供託される場合がある

債権者が仮差押をした目的債権に対し、他の債権者からも差押

などがなされることがあります（これを競合といいます）。

このような差押の競合がなされると、全額を供託しなければならない場合があります。供託をした第三債務者は、執行裁判所などにその旨を届け出なければなりません。

ここで問題となるのは、目的債権に国や地方公共団体など（以下、「国など」と記します）が、税金の滞納を理由に差押え（滞納処分）をしてきた場合との優劣関係です。

まず、目的債権に滞納処分による差押が先になされた場合はどうなるのでしょうか。この場合、国などの差押と債権者の仮差押が競合しても、その合計額が当該目的債権額に満たなければ両者の調整は問題になりません。問題なのは、両者の合計額が、当該目的債権額を超えた場合です。

この場合は、仮差押債権者より国などが優先することになります。ただし、国などが目的債権の取立てを行使した結果、残余金が生じたときは、仮差押債権者のために、後日配当手続が行われ

● 第三債務者に対する陳述催告の申立て

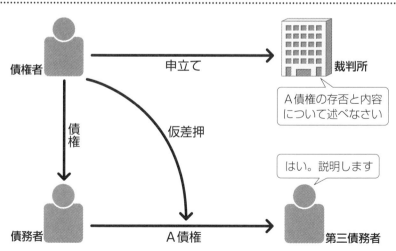

債権者

申立て → 裁判所

A債権の存否と内容
について述べなさい

債権

仮差押

債務者

A債権 →

はい。説明します

第三債務者

ることになっています。

　仮差押が国などの差押よりも先になされた場合も、両者の合計
額が当該目的債権額を上回る場合に問題となります。この場合も、
国などの差押の方が仮差押債権者よりも優先し、残余金が生じた
ときは、上記と同様の処理になります。

■ 仮差押ができない債権もある

　民事保全法では、給料、賃金などについては、債務者の生活保
護の観点から、仮差押できる範囲が制限されています。また、生
活保護のように、国などから支給されている金銭については一切
の仮差押が禁止されているものもあります。このように仮差押が
制限されていたり、禁止されている債権を総称して**仮差押禁止債
権**といいます。

　給料を例に挙げて説明すると、給料の4分の1までは仮差押を
することができます。逆に言うと、給料の4分の3は仮差押をす
ることができません。ただし、給料の4分の3が33万円を超える
場合、その超えた額は仮差押をすることができます。たとえば、
債務者が月給60万円の場合、4分の1に相当する15万円分は問題
なく仮差押をすることができます。さらに、その4分の3に相当
する金額は45万円ですが、33万円を超えた部分、つまり12万円分
は仮差押の禁止対象外です。その結果、15万円プラス12万円イ
コール27万円分を仮差押することができます。

　もっとも、債務者の中には、27万円も仮差押されたのでは生活
が成り立たないという人もいるでしょう。そこでこの場合、債務
者は執行裁判所に事情を説明して仮差押金額を減らしてもらった
り、一部を取り消してもらうことができるとされています。

　債務者からこのような申立てがなされると、後日、裁判所から
債権者に「審尋書」などが送られ、債権者に意見を聞くという手

続がとられることになります。

■ 債権者から仮差押金額の拡張を申し立てることができる

　以上に説明してきた内容とは逆に、債権者の方から、仮差押禁止債権の仮差押禁止の範囲を減らす（減縮する）ように申し立てることができます。

　たとえば、債権者が病弱であまり働くことができず、給料も毎月わずかしかもらっていないという事情があるとします。一方、債務者は月給100万円を受け取っている上に、退職金額も5000万円が見込まれているという事情があるとします。

　この場合、一般的には、退職金の半分を仮差押しても債務者にとってあまり大きな痛手にはならないのではないかと考えることができます。そこで、このような場合、債権者は仮差押禁止債権の範囲の減縮を求める裁判を申し立てることができるとされているのです。

● 給料と仮差押

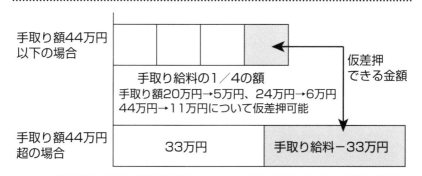

書式2　陳述書

令和○年（ヨ）第○○○号

陳　述　書

令和 ○年 11 月 7 日

東京地方裁判所民事第9部御中

第三債務者　両山貿易株式会社　　㊞
　　　　　　総務部長某山夏夫

下記のとおり陳述します。

1　仮差押に係る債権の存否	（ある）	ない

2　仮差押債権の種類及び額 　（金銭債権以外の債権は、その内容）	給料債権	

3　弁済の意思の有無	（ある）	ない

4　弁済する範囲又は弁済しない理由	月給60万円のうち毎月27万円	

5　仮差押債権について、仮差押債権者に優先する権利を有する者（例えば、質権者）がある場合の記入欄	優先権利者の住所、氏名	
	その権利の種類及び 優先する範囲（金額）	

6　他の差押 （滞納処分又はその例による差押えを含む。） （仮差押） 仮処分	執行 裁判所等 事件番号	債権者の住所、氏名	差押え等の送達年月日	差押え等の執行された範囲（金額）
	東京地方裁判所 (ヲ)○○○号	東京都中央区日本橋○−○−○ あけぼの信販株式会社	令和○年 11月5日	月給60万円のうち毎月27万円
	東京地方裁判所 (ヲ)○○○号	東京都新宿区○○町○−○−○ コラム株式会社	令和○年 11月5日	月給60万円のうち毎月27万円

（注）(1)　1の欄で「ある」と陳述したときだけ2以下の欄を記入してください。
　　　(2)　2については、現存債権について記入するもので、命令正本記載の債権をそのまま記入するものではありません。
　　　(3)　5および6の欄には、すでに取り下げ又は取消しのあったものについては記入する必要はありません。
　　　(4)　この陳述書に記入しきれないときは、適宜の用紙を使用して横書きで記載してください。

書式3　登記嘱託申立書

令和○年（ヨ）第○○○号

登記嘱託申立書

令和○年11月7日

○○地方裁判所民事第○部　御中

債権者代理人弁護士　○　○　○　○　㊞
債権者　　　　　　　○　○　産業株式会社
債務者　　　　　　　○　○　商業株式会社
第三債務者　　　　　○　○　産業株式会社

　上記当事者間の御庁令和○年（ヨ）第○○○号債権（抵当権付）仮差押命令申立事件につきなされた決定に基づき、債務者が第三債務者に対して有する仮差押債権を被担保債権とする別紙物件目録記載の不動産に設定された抵当権について、仮に差し押さえる旨の登記を嘱託されたく申し立てます。

その他こんな場合の執行について知っておこう

■ 動産仮差押の執行

　動産仮差押命令の執行は、「申立書」と仮差押決定正本などの添付書類を提出することによって申し立てることができます。申立先は、原則として目的物の所在地を管轄する地方裁判所所属の執行官です。なお、申立書に最低限記載しなければならない事項には、①当事者の表示など、②差し押さえるべき動産が所在する場所、③強制執行の目的とする財産の表示及び求める強制執行の方法、④債務名義の表示、などがあります。

■ 自動車の仮差押の執行

　自動車の仮差押の執行には、①登録嘱託の方法、②執行官に対して自動車を取り上げて保管してもらう方法（取上保管の方法）③これらを併用する方法の3つがあります。以下、①から順に説明していきましょう。

① 登録嘱託の方法

　裁判所書記官が運輸支局長に対して登録の嘱託を行います。仮差押命令は、自動車登録ファイルに記入されます。

② 取上保管の方法

　これは債権者が「自動車の取上保管命令申立書」を提出して、執行官に債務者の自動車を取り上げて保管してもらう方法です。申立先は、原則として自動車の所在地を管轄する地方裁判所（執行裁判所）になります。

③ 上記①②を併用する方法

上記①②の書類を併せて提出することも可能です。なお、執行官による取上保管によって、自動車の価額が下がるおそれや、保管費用が多額に上るおそれがあります。そのようなときには、債権者（または債務者）の申立てにより、裁判所は自動車を迅速に売却してしまうことができる場合があります。

■ 船舶の仮差押の執行

次に、船舶の仮差押の執行ですが、①仮差押の登記をする方法、②執行官に対して船舶国籍証書などを取り上げてもらう方法、③これらを併用する方法、の３つがあります。①については、裁判所書記官が船舶の登記を管轄する登記所に仮差押の登記を嘱託します。②による場合は、債権者が「船舶国籍証書等の取上保管命令申立書」を提出して申し立てることができます。さらに、申立てにより、保管人を選任することもできます。

■ 建設機械の仮差押の執行は自動車の場合とほぼ同じ

すでに登記を受けている建設機械に対する仮差押の執行については、登録を受けている自動車の場合とほぼ同じ扱いになります。ただし、建設機械の表示は建設機械登記簿への記入によります。

■ 動産引渡請求権の仮差押の執行

この場合の執行方法は、第三債務者に対して「債務者に物件を引き渡すな」という内容の命令を発して行われます。そこで、債務者が第三債務者に対して有する物件引渡請求権はどのような請求権であるか、その内容を書面の中で明確に特定しておきます。

なお、第三債務者の住所居所が不明で仮差押命令が到達しなかった場合、債権者は再送達の手続をとる必要があります。具体的には、執行裁判所に再送達の上申書を提出する必要があります。

■ 不動産の処分禁止仮処分の執行

　不動産の処分禁止仮処分とは、債権者の立場で言うと、債務者に対して「あなたの土地または建物を売るな（所有権や占有を移転するな）」という命令を申し立てることをいいます。

　不動産の処分禁止仮処分の執行は、処分禁止の登記をする方法によります。具体的には、執行裁判所の裁判所書記官が「登記嘱託書兼登記原因証明書」を作成して、登記所に登記嘱託を行うことになります。

■ 債権者にはどのような権利が与えられるか

　処分禁止の登記がなされると、それ以後、債務者が当該不動産を譲渡（処分）しても仮処分債権者に対抗することができなくなります。

　つまり、たとえその後に第三者が何らかの権利を取得して登記を設定しても、仮処分債権者はその第三者の登記の抹消を単独で請求することができるのです。その抹消を請求できる権利には、所有権はもちろんのこと、地上権や賃借権といったその不動産を使用する権利や、抵当権といったその不動産を担保の目的とする権利が含まれます。

■ 保全仮登記を更正する場合がある

　不動産に関する「所有権以外の権利」の保存・設定・変更については、処分禁止の登記をすると共に保全仮登記（仮処分による

仮登記）をする方法により行います。

　保全仮登記を行うことにより、将来の本案（民事保全の申立ての後に民事訴訟で争っていく事件のこと）に関する訴訟（本案訴訟）で勝訴したときに、保全仮登記に基づく本登記を求めることができるようになるのです。

　本登記をするには、保全仮登記に表示された権利の内容と本案訴訟で勝訴した際に表示された権利の内容とが一致していなければなりません。

　ところが、保全手続は、通常、緊急に（拙速に）行われやすいことから、申立書面の表示を誤って記載してしまう場合があります。そうなると、将来せっかく本案訴訟で勝訴判決を得ても本登記を求めることができなくなってしまいます。

　そこで、この場合、両者の表示に大きなずれがない限り、債権者は「更正決定申立書」（**書式４**、156ページ）を提出して、仮処分命令の権利の表示を更正することができるとされています。

■ 建物収去土地明渡請求権保全のための処分禁止仮処分の執行

　建物収去土地明渡請求権保全のための処分禁止の仮処分とは、債権者の立場で言うと、債権者が債務者に対して、「建物を壊して出て行けという権利を自分は確保（保全）しておきたいから、建物はもう誰かに売るな」という命令の申立てをいいます。処分禁止仮処分の執行は、処分禁止の登記をする方法により行います。

　処分禁止の登記がなされると、以後、債務者が建物を第三者に売却（処分）しても、債権者にとってはたいした問題ではありません。なぜなら、債権者は民事執行法に基づいて、建物を譲り受けた第三者に対して「建物を壊して出て行け」という内容の強制執行を申し立てることができるからです。

更正決定申立書

令和○年11月7日

○○地方裁判所民事第○部　御中

債権者代理人　○　○　○　○　㊞
債権者　○　○　○　○
債務者　○　○　○　○

　上記当事者間の令和○年（ヨ）第○○○○号不動産仮処分命令申立事件について、令和○年11月5日御庁がされた仮処分決定に基づく保全仮登記に係る権利の表示は、御庁令和○年（ワ）第○○○○号抵当権設定登記手続請求事件において上記保全仮登記に基づく本登記をすべき旨の決定がなされたところ、上記決定における権利の表示と符合しないので次のとおり更正決定をされたく、この申立てをします。

申立ての趣旨

　原決定の登記目録を、別紙登記目録記載のとおり更正する。
との裁判を求める。

添付書類

1　決定正本
2　決定確定証明書

Q 占有移転禁止の仮処分にはどんなものがあり、どんな効力があるのか教えてください。占有移転禁止の仮処分は占有者が何者かを特定できないと執行できないのでしょうか。

A 占有移転禁止の仮処分には、①債務者に使用を許す場合（執行官も保管）、②執行官のみ保管の場合、③債権者の使用を許す場合（執行官も保管）、がありますが、執行方法はそれぞれ異なります。

①の場合は債務者に使用を許すことから、目的物を債務者から取り上げることはしません。目的物に貼付した公示書を損壊すれば、法律上の制裁があることを債務者に告知することで足ります。これに対し、②③の場合は、公示書だけでなく、執行官が債務者から占有を取り上げることになります。

債権者は、目的物の所在地を管轄する地方裁判所所属の執行官に対して書面で執行の申立てをします。仮処分決定正本が債権者に送達された日から２週間を経過したときは、執行をすることができなくなるので、執行の申立ては速やかに行うことが必要です。

占有移転禁止の仮処分がなされると、その後に第三者への譲渡がなされたとしても、裁判においてその移転はなかったものとして扱われます。また移転を受けた第三者は、占有移転禁止の仮処分がなされていたことを知っていたと推定されます。これは裁判での判決が、占有の移転を受けた第三者にも及ぶということです。つまり占有移転禁止の仮処分には、本来当事者同士だけを拘束する権利関係を、それ以外の者にも主張できるようにする効力があるのです。

なお、債務者を特定しない不動産占有移転禁止の仮処分の場合は、現実に占有している者に立ち退いてもらう際に、占有者が何者であるかを特定することが必要になります。特定できなければ執行されませんので注意してください。

その他の仮処分の執行について知っておこう

それぞれの執行手続の特徴を把握しておく

■ 作為・不作為を命ずる仮処分の執行

作為を命ずる仮処分とは、たとえば、債権者が債務者に対して「私の土地にあなたが勝手に建てた建物を収去（除去）せよ」というように、債務者に「〜しろ」と命令する仮処分のことです。

また、**不作為を命ずる仮処分**とは、たとえば、債権者が債務者に対して「土地に建物を建てるな」「債権者が行っている工事を妨害するな」というように、「〜するな」と債務者に我慢することを命令する仮処分のことです。

これらの仮処分の執行は、仮処分命令を債務名義とみなして、強制執行の例によって実施されます。なお、仮処分決定正本が債権者に送達された日から2週間を経過したときは、執行をすることができなくなります。

■ 代替執行や間接強制による仮処分の執行

たとえば、「勝手に建てた建物を収去せよ」と作為を命じる仮処分を取得していても、債権者が勝手に建物を取り壊すことはできません。この場合、債権者は代替執行によって権利を実現していくことになります。

代替執行とは、債務者が手をこまねいて命じられた作為をしないので、債務者以外の第三者が債務者の費用で債務者に代わって請求内容を実現させることを、裁判所に認めてもらう執行方法です。この場合、債権者は解体業者に建物を壊すよう依頼して、後日かかった費用を債務者に請求していくことになります。

これに対し、代替執行になじまないもの、たとえば、「絵画を描け」というような債務者本人でなければ義務を果たすことができない場合には、間接強制によって権利を実現していくことになります。

間接強制とは、「債務者が債務の履行（上記の例で言えば、絵画を描くこと）をしないときは、1日金1万円の割合による金員を支払え」というように、債務者に心理的圧迫を加えて、債務者自身で義務を実行するように仕向ける債権の実現方法です。

なお、民事執行法は、代替執行が認められる場合でも、間接強制の方法を選択することができると規定しています。たとえば、前述した建物収去の例でいうと、債権者は「○月○日までに、建物を取り壊さなければ1日金5万円の割合による金員を支払え」という間接強制の申立てをすることができます。

■明渡し断行の仮処分の執行

明渡し断行の仮処分とは、債務者を排除して債権者に目的物の占有を取得させるという、いわば仮の地位を定める仮処分のことです。この仮処分が執行されると、結果的に本案訴訟で勝訴したのと同じ成果を得ることができるといえるでしょう。この明渡し断行は、仮処分決定正本が債権者に送達された日から2週間を経過したときは執行することができなくなります。

申立て後に行われる具体的な執行方法ですが、執行場所には執行官だけでなく債権者（または代理人）が出向いて行われる必要があります。不動産（建物）の場合を例にとって説明すると、ドアなどが施錠されて中に入れないときは、解錠業者に頼んで解錠させます。執行官らは、建物の居住者を立ち退かせて、物品を撤去した上で債権者に占有させるか、または執行官自らが占有に必要な措置をとっていくことになります。

■ 債権取立譲渡禁止仮処分の執行

債権取立譲渡禁止仮処分は、第三債務者に仮処分命令が送達されたときに、その第三債務者が債務者に弁済をしてはならないという効力が生じます。ところが、目的債権に譲渡制限特約がついている場合は事情が変わってきます。この場合、特約を知らない善意かつ無重過失の第三者に譲渡してしまった場合は、もはや仮処分を執行することはできません。

■ 金員仮払い仮処分の執行

「金員」とは金銭のことを意味します。債権者が債務者に対して「金銭を支払え」という仮処分を行うものです。解雇された労働者が使用者に対して解雇の有効性を争って給与の仮払いを求める場合や、交通事故に遭った被害者が加害者に対して生活費や治療費の仮払いを求める場合に、金員の仮払い仮処分を求める申立てを行います。債務者が任意に支払いに応じない場合、債権者は仮処分決定正本に基づいて、強制執行手続をとることができます。

仮処分決定正本が債権者に送達された日から2週間を経過したときは、金員仮払い仮処分の執行をすることができなくなります。

■ 子の引渡しの仮処分による執行

子の引渡しの仮処分とは、親権者または監護権者の権利の行使を妨害する者を排除して、子を親権者等の下へ物理的に引き渡す手続きです。通常の財産に関する執行とは違い、子どもという人格を持つ者を移転させる手続きとなります。そのため執行官には、執行に際して威力を用いてはならないことや、子の心身に有害な影響を及ぼさないよう配慮する義務があるなど、慎重な手続きによって進める必要があることが規定されています。

第6章

不服申立て、
担保の取戻しなど
その他の手続

不服申立ての方法について知っておこう

■ 保全異議と保全取消しについて

　保全命令を発した裁判所に対して当事者に認められている不服申立て方法としては、①保全異議、②保全取消し、③保全抗告があります。債権者の立場から、それぞれの手続について、見ていきましょう。

■ 保全異議と保全取消しについて

　まず保全異議と保全取消しですが、これは保全命令の申立てを認容した裁判所に対して、債務者が「この保全命令は納得できないので取り消してくれ」と裁判所に書面で申し立てる手続をいいます。債務者のための不服申立手続なので、債権者が細かい手続内容を知っておく必要はありません。また、保全異議と保全取消しの区別も、債権者にとっては、手続上大きな違いはないので、それほど神経質になることもないでしょう（保全異議と保全取消しの区別については、29ページ）。

　ただし、保全取消しには、①本案の訴えの不提起などによる保全取消し、②事情の変更による保全取消し、③特別の事情による保全取消し、の３種類があるという程度のことは知っておいた方がよいでしょう。債務者が何を理由に保全取消しを申し立てているのかを債権者は知っておく必要があるからです。

　裁判所は、口頭弁論を開くか、または、当事者双方が立ち会うことができる審尋を行わないと、保全異議と保全取消しの申立てについて決定を下すことができません。そこで、債権者は、否応

なく裁判所から呼び出しを受けることになるのですが、その際に、債権者が何を理由に保全取消しを求めているのかを理解しておかないと、うまく釈明ができないことが多くなります。

以下では、3種類の取消事由について説明をしていきましょう。

① **本案の訴えの不提起などによる保全取消しについて**

保全命令の発令後、債権者は自ら進んで本案訴訟を提起しなければなりません。そのまま放置していると、債務者の申立てに基づいての起訴命令が裁判所から発せられてしまいます。

起訴命令とは、裁判所が債権者に対して、一定の期間内（2週間以上で裁判所が定める期間内）に本案の訴えを提起するように命令して、所定の書面を提出させることを求める手続です。債権者が定められた期間内に書面を提出しないと、債務者の申立てにより保全命令が取り消されることになります。

② **事情の変更による保全取消し**

たとえば、保全命令の発令後、債務者が債権者に弁済して借金がなくなった場合などが「事情の変更」にあたります。この場合は保全異議の申立てもできるので、債務者は保全取消しと保全異議のいずれかを選択して申し立てることが認められています。

③ **特別の事情による保全取消し**

これは、仮処分がなされると債務者の損害が大きくなってしまうという「特別の事情」がある場合に、債務者が担保を立てることを条件に命令を取り消す場合をいいます。たとえば、営業用のトラックに対して執行官のみ保管の場合の占有移転禁止仮処分を命令された運送業者の場合を考えてみましょう。

この場合、商売道具であるトラックに仮処分命令がなされてしまうと、運送業者である債務者の事業の継続が将来的に不能または著しく困難になることから、債務者は保全命令の取消しを求めていくことになります。

■ 保全抗告について

　これは、保全異議または保全取消しの申立てについての裁判に不服がある「債権者または債務者」が申し立てる手続です。保全抗告の申立ては、上記申立てについての裁判を行った裁判所に書面で行う必要があります。保全抗告も、口頭弁論または当事者双方が立ち会うことができる審尋の期日を経なければならないとされています。

　なお、保全抗告の審理も決定手続によって行われます。

■ 原状回復の裁判について

　以上に述べた保全異議、保全取消し、保全抗告の裁判で仮処分が取り消された後はどうなるのでしょうか。

　民事保全法は、裁判所は仮処分を取り消した場合に、債権者に対して原状回復を命ずることができると規定しています。

　この規定の意味については、たとえば、従業員としての地位保全および賃金仮払い仮処分の申立てが取り消された場合で考えてみましょう。上記規定を素直に読むと、裁判所は、債権者（従業員）に対して、すでに受け取っている賃金相当額を債務者（会社）に返還しろと命じることができそうです。

　しかし、民事保全法は「命じなければならない」ではなく、あくまでも「命じることができる」と規定しています。つまり、原状回復の裁判を行うかどうかは裁判所の自由裁量に委ねられているのです。実務上、債権者が受領した賃金について裁判所が返還を命じることはそれほど多くありません。

■ 不服申立てにかかわる書式の作成上の注意点

　書式を作成する際には、以下のポイントに注意します。

・**保全異議申立書（書式１）**

　保全異議申立書では、申立ての趣旨の中で、仮差押決定を取り消し、仮差押命令の申立ての却下を求めます。また、債権者は、被保全債権の存在と保全の必要性を根拠にして仮差押を求めてきます。債務者は、これとは逆に、被保全債権が存在しないことと、保全の必要性がないことを理由に、仮差押を行うべきではないことを主張します。さらに、自分の主張に根拠があることを示す証拠にどのようなものがあるかについても記載します。

・保全取消申立書（書式2）

　保全取消申立書には、まず、申立ての趣旨の部分で仮差押決定の取消しを求める旨を記載します。

　次に、その申立ての理由を記載します。仮差押決定の後に本案の訴えを提起しなければ仮差押決定を取り消すことができるので、その旨を申立ての理由の部分に記載します。また、仮差押決定正本など、申立ての理由の中身を示す証拠についても記載します。

・保全抗告申立書（書式3）

　保全抗告申立書には、まず、どの事件に対して異議があるのかについて記載します。抗告の趣旨の部分では、申立人がどのような決定を求めるのかについて明確にする必要があります。

　相手方に費用負担を求める場合には、その旨を記載します。

● 保全取消しについて

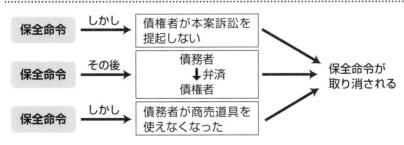

収入
　印紙　　　　　　　　保 全 異 議 申 立 書

　　　　　　　　　　　　　　　　　　　　　　　令和○年11月7日

東京地方裁判所　民事第9部　御中

　　　　　　　　　　　　　　　　　債務者　某山三郎　㊞

　　　　　当事者の表示　別紙当事者目録記載のとおり

　　　　　　　　　　　　申立ての趣旨
1　債権者と債務者の東京地方裁判所令和○年（ヨ）第○○○号不動産仮差押
　申立事件について、同裁判所が令和○年11月5日にした仮差押決定を取り消
　す。
2　債権者の上記不動産仮差押命令の申立を却下する。
3　申立費用は債権者の負担とする。
　　との裁判を求める。
　　　　　　　　　　　　申立ての理由
第1　被保全権利の不存在
　1　債権者の主張は、債権者が丙山四郎に対して令和○年8月22日に金200
　　万円を貸し付けると共に、債務者が丙山四郎のために債務者所有の建物に
　　抵当権を設定したというものだが、その疎明として建物登記事項証明書
　　（甲1の1、2）を提出している。
　2　しかし、債務者は丙山四郎のために物上保証人となった事実はない。債
　　権者が提出した甲1の1、2は何者かによって偽造されたものである。
第2　保全の必要性
　　　債権者は、債務者のめぼしい財産は債務者名義の建物しかないと主張し
　　ている。しかし、債務者は1千万円ほどの銀行預金と500万円のゴルフ会員
　　権をもっていることから、この点の債権者の主張も誤っている（乙2の1、
　　2）。
第3　したがって、本件仮差押決定は、被保全権利も必要性も認められないか
　　ら、直ちに取り消されるべきである。
　　　　　　　　　　　　疎明方法
1　乙1　　　　　　　令和○年10月31日付け建物登記事項証明書
　　乙2の1　　銀行預金通帳
　　　　　2　ゴルフ会員権
　　　　　　　　　　　　添付書類
　　乙号証　　各1通

書式2　本案訴訟の不提起等による保全取消申立書

収入
印紙

本案訴訟の不提起等による保全取消申立書

令和○年11月7日

○○地方裁判所民事第○部　御中

申立人代理人弁護士　○　○　○　○　㊞

当事者の表示　別紙当事者目録記載のとおり

申立ての趣旨

　○○地方裁判所が、同裁判所令和○年（ヨ）第○○○号仮差押命令申立事件について、令和○年10月15日にした仮差押決定は、これを取り消す。
申立費用は被申立人の負担とする。
との決定を求める。

申立ての理由

1　○○地方裁判所は、被申立人の申立てにより、同裁判所令和○年（ヨ）第○○○号仮差押命令申立事件について、令和○年9月3日申立人に対し、仮差押決定をした（甲1）。

2　申立人は、○○地方裁判所に対し、起訴命令の申立てをしたところ（同裁判所令和　○年（モ）第○○○号）、同裁判所は、被申立人に対し、まだ本案の訴えを提起していない場合は、これを管轄裁判所に提起すると共に、その提起を証する書面を、既に本案の訴えを提起している場合は、この決定送達の日以降におけるその係属を証する書面を、当該決定送達の日から1か月以内に、○○地方裁判所に提出しなければならない旨の決定を発し、前記決定は、被申立人に対し、令和○年9月6日に送達された（甲2、3）。

3　しかしながら、被申立人は前記期間内に、本案の訴えの提起を証する書面を提出していないため、民事保全法37条により、前記仮差押決定の取消しを求めるため、本申立てに及んだ。

疎　明　資　料
1　甲1　　　　　仮差押決定正本
2　甲2　　　　　起訴命令の決定正本
3　甲3　　　　　送達証明書

添　付　書　類
1　疎明資料　　　各1通
2　訴訟委任状　　　1通

第6章　不服申立て、担保の取戻しなどその他の手続

167

書式３　保全抗告申立書

保全抗告申立書

令和○年11月 7 日

東京高等裁判所　御中

抗告人代理人弁護士　○　○　○　○　㊞

当事者の表示　別紙当事者目録記載のとおり

　上記当事者間の令和○年（モ）第○○○号保全異議申立事件について、東京地方裁判所が令和○年11月 5 日にした決定に対し、不服があるので、保全抗告の申立てをする。

抗告の趣旨

1　原決定を取り消す。
2　東京地方裁判所令和○年（ヨ）第○○○号不動産仮処分命令申立事件について、同裁判所が令和○年10月31日にした仮処分決定を認可する。
3　申立費用は、原審、抗告審共に相手方の負担とする。
　との決定を求める。

② 執行取消しの手続について知っておこう

執行を取り消すには多くの書類をそろえなければならない

■ 保全執行が取り消される場合は

　裁判所が保全執行を取り消すのは、①債権者または債務者の申立てがあった場合、②第三者の申立てがあった場合、③債務者の破産管財人の申出があった場合です。以下、順に見ていきましょう。

① 債権者または債務者の申立てがあった場合

・債権者の申立てがあった場合

　裁判所の保全執行手続を止めたい債権者は、保全命令の申立てを取り下げることによって、その進行を止めることができます。発令裁判所が保全執行機関の場合は、保全命令申立取下書（**書式4**、171ページ）を提出すれば、保全執行申立ての取下げもなされたとみなされます。この場合は別に保全執行申立取下書を提出する必要はありません。なお、保全命令申立取下書と共に債権者が提出しなければならない書類は数多くあります。

　以下に挙げたのは、不動産の仮差押の場合で、その抹消登記が必要なときの添付書類です。それ以外のケースで取り下げる場合は、申立先裁判所に添付書類を確認してください。

・保全命令申立取下書

　正本1通（当事者目録、物件目録も添付する）

　副本×債務者の数

・登記権利者義務者目録（登記所用）

　法務局1か所につき3通（債権者が登記義務者、債務者が登記権利者になります）

・物件目録（登記所用）…法務局1か所につき3通

・予納郵券…法務局1か所につき519円×1組・529円×1組、債務者の数×84円（94円）
・登録免許税（収入印紙）…物件1個（マンションにつき敷地権は1個と数える）につき1000円。ただし、物件が登記所1か所につき20筆以上の場合については定額2万円。
・不動産登記事項証明書（保全処分発令後3年を経過した事件及び登記に変更がある場合に必要）

・**債務者の申立てによる場合**

　債務者は、解放金を供託して保全執行の取消しを求めることができます。この場合、債務者は、解放金を発令裁判所または執行裁判所を管轄する地方裁判所の管轄区域内の供託所に供託します。その後、供託書とその写しを添付し、申立書を執行裁判所に提供します。また、保全異議や保全取消しなどの決定において、裁判所は、保全執行を続行するための条件として債権者に対して一定の期間内（担保提供期間の末日から1週間）に、追加担保を提供するように命じることができます。

　ところが、債権者がその期間内に必要な手続を怠った場合は、債務者の申立てによって、裁判所は執行処分を取り消さなければならないとされているので注意してください。

② 　**第三者の申立てがあった場合**

　たとえば、債権者Aが債務者Bの動産に処分禁止の仮処分を申し立てたが、その動産の所有者はBではなく、本件に全く関係のない第三者Cの物だったとします。このときCは、いわれなき保全執行から自己の財産を守るために、第三者異議の訴えを起こすことができます。

　Cがこの裁判で勝訴した後に、判決正本（執行取消文書）を提出すると、裁判所は執行取消決定をして、その旨当事者双方に告知することになっています。

③ 債務者の破産管財人の申出があった場合

　債務者が破産すると（破産手続開始決定がされると）、保全執行は当然に効力を失います。しかし、債務者が破産したかどうかは、債権者にはわかりません。そこで、債務者の破産後に債権者が不必要な手続を進めていくことがないように、裁判所から当事者に破産の事実を告知するように、破産管財人が裁判所に上申書を提出するのが実務上の流れになっています。

 書式4　保全命令申立取下書（不動産仮差押・仮処分の取下げ）

令和○○年（ヨ）第○○○○号不動産仮差押（仮処分）命令申立事件

取　　下　　書

令和○○年○○月○○日

東京地方裁判所民事第9部　御中

　　　　　　　　　　　　債権者　　○　　○　　○　　○　　㊞
　　　　　　　　　　　　※使用する印は保全命令申立書に押印したものと同一印
　　　　　　　　　　　　電話番号　　○○○－○○○－○○○○

当事者の表示　　別紙当事者目録のとおり
物件目録の表示　別紙物件目録のとおり

　上記当事者間の頭書事件については，債権者の都合により別紙物件目録記載の物件につき，申立ての全部を取り下げます。

第6章　不服申立て、担保の取戻しなどその他の手続

3 担保を取り戻す

■ 供託した担保を取り戻す

　債権者が保全命令を申し立てるには、担保を提供する必要があります。担保の返還方法には、発令裁判所の担保取消決定を得る方法と担保取戻しの許可を受ける方法があります。以下、順に説明していきましょう。

■ 担保取消決定を得る方法

① 担保の事由が消滅した場合

　債権者が保全命令の申立ての際に担保を提供しなければならない理由は、違法な保全命令または保全執行の結果、損害をこうむった債務者にその損害をてん補するためです。

　そうだとすれば、担保権利者（ここでは債務者を指します）の損害の発生が将来にわたってなくなったと考えられる場合は、債権者に担保取消しを認めてもよいでしょう。具体的には、被担保債権が消滅した場合、つまり債権者の全部勝訴判決が確定した場合の他、債権者の勝訴に近い和解（勝訴的和解）が成立した場合や債務者の請求認諾の場合などを挙げることができます。

② 担保権利者（債務者）の同意がある場合

　担保権利者が担保提供者の取消しに同意したということは、担保権を放棄したということです。そこで、この場合も担保の取消原因となります。

③ 担保権利者に対する権利行使の催告による場合

　本案訴訟で債権者が全部または一部の敗訴判決が確定した場合

や、債権者の敗訴に近い和解（敗訴的和解）が成立した場合など（法文上は「訴訟の完結後」と呼んでいます）において、債権者は裁判所に担保取消しの申立てができます。その際、裁判所は担保権利者に対して「民事保全手続で損害があった場合は、所定期間内（催告書を送達後14日以内）に損害賠償請求訴訟を起こしましょう。それをしなければ、担保提供者に担保を返します」といった内容の催告書を送達します。催告書を受領した担保権利者が所定期間内に損害賠償請求権を行使するなどの措置をとらなかった場合には、担保取消しに同意したとみなされます。

■ 担保取消しの申立てに必要な書類

　前述した①②③に共通する事柄を述べておきます。担保取消の申立ては、担保提供者またはその承継人（相続人など）が「担保取消申立書」（**書式5**、175ページ）を提出します。担保取消しは書面審理で行われますので、以下の添付書類は一括して提出することが要求されています。以下、①②③の順に提出すべき添付書類を見ていきます（正本はその写しと照合の上還付されます）。

① **担保の事由が消滅した場合**
・本案の全部勝訴判決の正本およびその写し、判決確定証明書
・勝訴的和解または請求認諾の各調書の正本とその写し

② **担保権者の同意による場合**
・同意書（**書式6**、176ページ）に加えて、担保権利者の印鑑証明書、担保取消決定受領書、即時抗告権放棄書（**書式7**、177ページ）も提出する必要があります。
・和解調書や調停調書の中で担保取消しの同意を定めた場合は、それらの調書の正本とその写し

③ **権利行使の催告による場合**
・本案の全部敗訴判決または一部敗訴判決の正本とその写し

・敗訴的和解または請求放棄の各調書の正本とその写し
・本案訴訟を提起しなかった場合は、その旨記載した上申書（ただし、担保取消しの申立書にその旨記載があれば提出不要）

■ 担保を取り戻すには

　担保取消決定が確定した後、債権者は登記所または支払保証委託契約を結んだ銀行などに対して、以下の書類を提出します。
　書式例の供託原因消滅証明申請書（書式8、178ページ）を提出する場合には、別紙として供託書正本の写しと副本を添付します。正本には所定の収入印紙を貼る必要があります。
・供託物払渡請求書（あるいは保証債務消滅届）
・担保取消決定の正本
・確定証明書（または供託原因消滅証明書または支払保証委託契約原因消滅証明書）

■ 担保取戻しの許可を受ける方法—担保の簡易取戻し

　たとえば、債権者が保全命令を申し立てたが執行まで至らなかった場合、債務者に損害が生じていないことは明らかです。このように、債務者に何も実害がなく、保全命令の申立てが取り下げられた場合に認められているのが**簡易取戻し**の方法です。
　担保提供者またはその承継人は、発令裁判所に担保取戻許可申立書（書式9、179ページ）と添付書類を提出して、担保取戻しの許可を得て取り戻すことができます。添付書類については、前述した担保取消しほど多くはありません。たとえば、保全命令発令前に保全命令の申立てを取り下げたような場合だと、「保全命令申立の取下書」だけです。それ以外のケースでも、提出書類は、せいぜい2、3点にとどまります。

書式5　担保取消申立書

担保取消申立書

令和○年11月7日

東京地方裁判所民事第9部　御中

　　　　　　　□申立人（この欄には法人の場合は法人名と代表者名を記載する。）
　　　　　　　　　　　　　　　　　　　　　　○○　○○　㊞
　　　　　　　□申立人代理人　　　　　　　　○○　○○　㊞
　　　　　　　連絡先（電話番号）　　03−○○○○−○○○○

　　　　　　　申立人　○○　○○
　　　　　　　被申立人　○○　○○

　東京地方裁判所令和○年（ヨ）・（モ）第　　○○○　　号
申立事件について、申立人が供託している下記記載1の担保について、下記記載2の事由により、担保取消決定を求める。

記

1　供託日　　　　令和○年9月7日
　　供託法務局　　東京法務局
　　供託額面　　　金○○○万円
　　供託番号　　　令和○年度金第○○○号

2☑(1)　担保の事由が消滅したこと（民事訴訟法79条1項）
　　　☑ア　本案勝訴判決の確定
　　　□イ　本案勝訴的和解成立
　　　□ウ
　□(2)　担保権利者の同意を得たこと（民事訴訟法79条2項）
　□(3)　訴訟完結後の権利行使催告（民事訴訟法79条3項）
　　　□ア　本案訴訟未提起、保全命令申立の取下げ及び執行解放
　　　□イ　本案訴訟確定、保全命令申立の取下げ及び執行解放
　　　□ウ

※該当個所は□にレ点を付す。
※当事者の現住所が発令時と異なる場合は、現住所を記載すること。

（注）代理人が申し立てる場合には、民訴法55条1項の委任事項に含まれるので、
　　　特別授権は不要です。

第6章　不服申立て、担保の取戻しなどその他の手続

書式6　同意書

印

同　意　書　（供託）

令和　　年　　月　　日

担保提供者　殿

　　　　　　□担保権利者（この欄には法人の場合は法人名の外、代表者名を記載する。）

印

　　　　　　□担保権利者代理人　　　　　　　　　　印

　担保権利者は，下記記載1の事件について担保提供者が供託して立てた
下記記載2の担保の取消しに同意します。

記

1　事件番号　東京地方裁判所令和　　　年（ヨ）第　　　　　号
　　事件名　　　　　　　　　　　　　命令申立事件
　　債権者
　　債務者

2　供託した法務局　東京法務局
　　供託日　　　　令和　　年　　月　　日
　　供託額面　　　金　　　　　万円
　　供託番号　　　　　年度金第　　　　　号

※該当個所は□にレ点を付す。

※　日付の記載もれに注意してください。
　　担保取消しの申立てに同意します」と記載しないよう注意してください。

印

即　時　抗　告　権　放　棄　書

令和　　年　　月　　日

東京地方裁判所民事第9部　御中

　　　□被申立人（この欄には法人の場合は法人名の外、代表者名を記載する。）

印

　　　□被申立人代理人　　　　　　　　　　　　　印

　下記事件について、御庁でされる担保取消決定に対し、被申立人は即時抗告をいたしません。

記

事件番号　東京地方裁判所令和　　年（モ）第　　　　号担保取消申立事件
申　立　人
被申立人

※該当個所は□にレ点を付す。

※日付は空欄にしてください

令和○年（モ）第○○○号

供託原因が消滅したことの証明申請書

申　立　人　　○○　　○○

被申立人　　○○　　○○

東京地方裁判所令和○年（ヨ）・（モ）第○○○号
申立事件について、申立人が担保として供託した別紙記載の供託物は、供託原因が消滅したことを証明してください。

令和○年11月7日

□ 申立人（この欄には法人の場合は法人名と代表者名を記載する。）

○○　　○○　　　　　　　㊞
□ 申立人代理人　　○○　　○○　　　　　　　㊞

東京地方裁判所民事第9部 御中

※該当個所は□にレ点を付す。

（注）　1　別紙として、供託書正本の写しを添付します。
　　　　2　第三者供託の場合には、申立人の表示が「債権者○○○○の第三者担保提供者○○○○」となります。

担保取戻許可申立書

令和○年11月７日

東京地方裁判所民事第９部　御中

　　　　　　申立人代理人弁護士　　○　○　○　○　㊞

　　　　　住　所
　　　　　申立人　　　　　○○　　○○

　　　　　住　所
　　　　　被申立人　　　　○○　　○○

　　御庁令和○年（ヨ）第○○○号不動産仮差押命令申立事件につき、申
立人が令和○年９月７日供託書額面金○○○万円を令和○年度金第○○
○○号をもって、○○法務局に供託する方法により担保を立てたとこ
ろ、このたび＿＿＿＿＿（注１）＿＿＿＿＿によって債務者に損害が生じない
ことが明らかであるので、資料を添えて担保取戻許可の申立てをいたし
ます。

（注）１　下線部分には取戻事由を具体的に記載します。
　　　２　第三者供託による立担保の場合には、申立人の表示が「債権者○○○○の
　　　第三者担保提供者○○○○」のようになります。

4 解放金に権利行使するにはどうしたらよいのか

差押の競合があると優先権はなくなる

■ 仮差押解放金の場合

　債権者は、本案訴訟の確定後に、債務者が供託した仮差押解放金に債権執行をしていく場合があります。この場合、第三債務者は供託所つまり国になります。仮差押命令においては、裁判所は債務者に対して仮差押解放金を必ず定めなければならないとされています。

　執行できる具体的時期ですが、債務者に対して差押命令が送達された日から1週間を経過したときは、第三債務者に直接取立権を行使することができます。つまり、債権者が第三債務者宅に直接出向いて、金銭を支払えと請求することができるということです。その際に仮差押の被保全債権と差押の執行債権とが同一であることを証する書面（たとえば、仮差押命令申立書、仮差押決定正本など）が必要です。

　ただし、当該債権に他の債権者の差押がかかっている場合（競合している場合）には、第三債務者は供託義務を負うので、優先的に請求できるわけではないことに注意が必要です。この場合、執行裁判所によって供託金の配当などが実施されることになります。この場合を支払委託といいます。支払委託の場合は、取立をしたい債権者は、裁判所から発行される支払委託証明書をもって供託所に行かなければならなりません。

■ みなし解放金の場合

　債権仮差押の第三債務者が供託した場合には、債務者が仮差押

解放金を供託したものとみなされます。この供託された金銭を**み
なし解放金**といい、債務者がこのみなし解放金に対して供託金還
付請求権を取得します。

　そこで、債権者がみなし解放金に権利を行使するには、債務者
が持っている供託金還付請求権を差し押さえるという手続がなさ
れることになります。

■ 仮処分解放金の場合

　勝訴判決確定後、債権者は仮処分解放金（供託金）について供
託金還付請求権を行使することができます。その際に必要な書類
は、供託金払渡請求書、本案判決正本および確定証明書（和解調
書なども含む）、仮処分の被保全権利と本案の訴訟物（訴訟にお
いて審理の対象となるものであり、訴訟で当事者によってなされ
ている請求のこと）の同一性を証する書面です。

● 仮差押解放金への権利行使

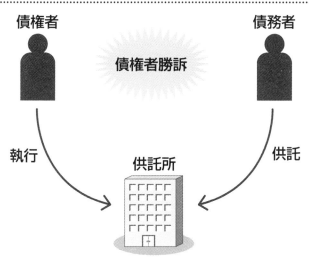

Q 債権者が記録の閲覧・謄写をするにはどうしたらよいの でしょうか。

A 債権者本人が当該保全命令申立事件の記録について閲覧・謄 写することができるのは当然です。裁判所に置かれている閲 覧請求書に必要事項を記入し、本人であることの証明として運転免許 証や保険証を提示することで、閲覧・謄写することができます。

● **本人以外が閲覧・謄写するには**

　債権者・債務者本人、さらには仮差押事件などの第三債務者は、以 上の手続だけで記録の閲覧・謄写をすることができます。ところが、 それ以外の者が閲覧謄写をするには、利害関係人であること、つまり 「法律上の利害関係があること」を証明することが必要です。代表的 な例では、仮差押された土地または建物の賃借人や抵当権者が挙げら れます。これらの者が閲覧請求をする場合は、その関係性を示すため の疎明資料を提出する必要があります。さらに、閲覧・謄写の請求者 と利害関係人の同一性を確認するために、運転免許証や印鑑証明書な どを提出しなければなりません。

　請求者を制限している理由は、当該保全命令申立事件の記録が無制 限に全面開示されることによって、債務者の社会的信用やプライバ シーが侵害されることを防止しようとしたことにあります。

　債権者の立場から知っておきたいことは、債務者の一般債権者（債 務者が借金をしている債権者のこと）は、利害関係人にはあたらない ということです。一般債権者は、取引の相手方の資力や取引状況を調 査したいところですが、そのような目的で記録の閲覧などをすること は認められません。ここでの利害関係人とは、保全事件によって、法 律上の権利が影響を受ける者をいいます。一般債権者が利害関係人と して認められるには、配当請求等の別個の手続を行う必要があります。

第 7 章

訴訟や強制執行の
しくみ

1 強制執行前に訴訟が必要になる こともある

訴え→口頭弁論→判決という流れになる

■ 勝訴しても相手方に財産がなければ強制執行できない

　強制執行をする際には、後述するように債務名義（205ページ）が必要になります。債務名義の具体例として、調停や和解などの調書がありますが、代表的なのが確定判決です。確定判決を得るには訴訟（民事訴訟）を起こさなければなりません。

　訴訟は他の債務名義を得る場合と比べて手続が複雑です。以下では、訴訟の流れについて説明していきます。

　なお、訴訟で勝ったとしても、相手方に財産がなければ、強制執行をすることができません。そのため、訴訟を提起する前などに民事保全の手続をすることになります。流れとしては、①民事保全、②訴訟、③強制執行という順になります。

■ 地方裁判所か簡易裁判所か

　訴訟となった場合、どこの裁判所に訴えを提起したらよいのでしょうか。この場合、訴えを提起する裁判所は、簡易裁判所か地方裁判所になります。では、どちらに訴えを提起すればよいのでしょうか。その区分けの目安は、140万円という金額です。

　訴訟の目的物の価額、つまり訴額が140万円以下の場合は簡易裁判所、140万円を超える場合は地方裁判所が、第一審の管轄裁判所になります。この場合の140万円には、利息や損害金は算入しません。つまり、通常は元本の金額になります。

■ どこの裁判所に訴えを提起すればよいのか

地方裁判所か簡易裁判所かが決まっても、これらの裁判所は全国にあります。では、どこの裁判所に対して訴えを提起すればよいのでしょうか。

この点については、「訴えの提起は相手方のところへ出向いて行う」というのが原則です。つまり、被告の住所地を管轄する裁判所が扱うので、その裁判所に訴えを提起します。なお、被告が会社などの法人であれば、その主たる事務所（本社）または営業所の所在地、それらがないときは主たる業務担当者の住所地を管轄する裁判所が扱うことになります。

ただし、この原則には例外がたくさんあるため、事件の内容によっては、被告の住所地を管轄する裁判所以外の裁判所を選ぶことができます。たとえば、手形・小切手の支払地や不法行為が行われた場所（不法行為地）、不動産に関する紛争であれば不動産の所在地なども選ぶことができます。

また、当事者間でとくに合意がなされていない場合、債権の弁済は債権者の住所地で行うのが原則とされていますから、債権者、つまりこちらの住所地を管轄する裁判所に訴えを提起することもできます（義務履行地）。

その他、相手方の本社が遠隔地にあるときに利用できる場合として、特定の業務に関する訴訟であれば、その業務を担当する事務所や営業所の所在地を管轄する裁判所に訴えを提起することもできます。

その他、被告（債務者）が複数いて、それぞれの所在地が異なっている場合などには、その複数の被告の一人の住所地を管轄する裁判所にも訴えを提起することができます。

もっとも、契約書を取り交わすような取引では、その契約書の中で、紛争になった場合の管轄裁判所の取り決めがなされている

のが一般的です（合意管轄）。

■ 第一審の手続はどうなっているのか

　訴訟は、当事者の一方（原告）が訴状を裁判所に提出し、訴えを提起することで始まります。訴状が提出されると、裁判所は、訴状の副本（コピー）を被告に送付します。あわせて、訴状に書いてあることについて、認めるのか反論するのかを書いた答弁書を裁判所に提出するよう求めます。また裁判所は、電話等で原告と打ち合わせて決めた期日に裁判所へ出頭するように被告に呼出状を送ります。この期日が口頭弁論期日です。

　口頭弁論期日には、まず、原告が訴状を口頭で陳述します。次に、被告がすでに提出してある答弁書に基づいて、原告の陳述内容を認めるのか、それとも反論するのかを口頭で答えます。実際の陳述は簡略化されていて、原告は「訴状記載の通り陳述します」と述べ、被告は「答弁書記載の通り陳述します」と言って終了するのが普通です。

　次に、争点を整理する作業が行われます。原告の請求のうち、被告がどのような点を争い、どのような点は争っていないのかを明確にするのです。そして、事実関係について争いがあれば、どちらの主張が正しいのかを判断するために証拠調べが行われます。証拠調べは裁判官の面前で行われますが、どのような証拠を提出するかは当事者の自由になっています。

　証拠調べを経て、争いがある事実につき原告・被告のいずれの主張が正しいのかを裁判官が認定し、訴状の内容の当否について裁判所が判断できるようになると、口頭弁論は終結します。

　口頭弁論終結後、裁判所はあらかじめ指定しておいた期日に当事者を呼び出して判決を言い渡します。判決は、原告の請求に対する裁判所の判断です。裁判所が、原告の請求が正しいと判断し

たときは、原告の請求を認容します。この場合は、訴状の「請求の趣旨」欄に記載されたとおりの判断、たとえば、「被告は原告に対し金○○を支払え」「別紙目録記載の土地が原告の所有に属することを確認する」といった判決を言い渡します。原告の請求が正しくないと判断したときは、請求棄却（訴えそのものは受けつけるが原告の訴えが正当ではないとするもの）の判断になります。この場合は、「原告の請求を棄却する」という判決を言い渡します。この判決により第一審の手続は終了します。

■ 訴訟上の和解をすることもある

　訴訟上の和解は、原告と被告が、訴訟手続の進行中に、口頭弁論期日（和解期日、あるいは弁論準備期日として指定されることもあります）において裁判所（裁判官）の面前で、お互いに譲歩して訴訟を終わらせる旨を陳述することによって成立します。

　当事者側としては和解勧告を受け入れる必要はありません。裁判の状況や判決までの時間的・経済的負担を考慮して和解に応じ

● 訴え提起から判決まで

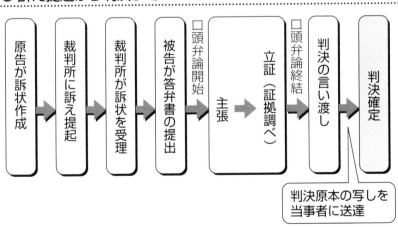

原告が訴状作成　→　裁判所に訴え提起　→　裁判所が訴状を受理　→　被告が答弁書の提出　→　口頭弁論開始　主張　→　立証（証拠調べ）　→　口頭弁論終結　判決の言い渡し　→　判決確定

判決原本の写しを当事者に送達

るか否かを判断すべきです。訴訟上の和解が成立すると訴訟は当然終了します。和解の内容が和解調書に記載されると、その和解調書には確定判決と同様の効力が生じることになります。つまり、その和解調書を債務名義として強制執行（196ページ）をすることができます。

■ 判決に不服な場合

　判決に対して、原告・被告双方とも不満を抱くことなくそのまま受け入れれば、判決書を受け取った後2週間で判決は確定します。しかし、原告・被告のいずれかが判決に不服で、高等裁判所または地方裁判所に控訴という手続をとると、判決は確定しません。訴訟は、ひとつ上級の裁判所へ移ることになります。

　控訴審の裁判所でも、第一審とほぼ同様の流れで口頭弁論が開かれ、証拠調べが行われて、訴訟が進んでいきます。そして、再び判決が下されます。このときの判決は、控訴に正当な理由がないとされれば控訴棄却、正当な理由があるとされれば、控訴認容の判決になります。

　控訴審の判決が確定すれば訴訟はそれで終了します。控訴審の判決に対しても不服があれば、さらに上告という手続をとり、また一つ上級の裁判所で審理してもらうこともできます。ただし、上告が認められるには、一定の理由がなければなりません。そして、上告を処理する裁判所（通常は最高裁判所）の判決には、もはや不服を述べることはできません。破棄差戻といった特殊な判決でない限り、この時点で、訴訟は完全に終了します。

Q 少額訴訟とはどんな訴訟手続きなのでしょうか。少額訴訟債権執行についても教えてください。

A 民事訴訟手続は、一般に時間と費用のかかる手続といえます。そのため、友人・知人への貸し借りなど少額の債権を、裁判所を利用して回収することは事実上、躊躇せざるを得ない状態でした。そこで、導入されたのが、少額訴訟制度です。少額訴訟で扱われるのは、60万円以下の金銭の支払請求に限られています。たとえば、動産の引渡しを請求する訴えなどの場合には、この手続は利用できません。

少額訴訟では、原則として1回の期日で双方の言い分を聞いたり証拠を調べたりして、直ちに判決が言い渡されます。通常の民事訴訟では、提出が認められている証拠についてとくに制限はありませんが、少額訴訟では、証拠調べはすぐに取り調べることができるものに限られています。被告には通常訴訟に移行するように求める申述権もあります。また、少額訴訟は申立回数が制限されており、同一の原告が同一の簡易裁判所に対して行える少額訴訟の申立回数は、年間(その年の1月1日から12月31日までのこと)10回までに限定されています。

●**少額訴訟債権執行とは**

強制執行は通常、地方裁判所が行いますが、少額訴訟にかかる債務名義による強制執行(債権執行)は、債務名義(少額訴訟における確定判決や仮執行宣言を付した少額訴訟の判決など)を作成した簡易裁判所の裁判所書記官も行うことができます。この裁判所書記官が行う強制執行を少額訴訟債権執行といいます。

少額訴訟債権執行の目的は金銭債権に限られ、弁護士以外でも、簡易裁判所の訴訟代理権を取得した認定司法書士であれば、裁判所の許可を得ることなく代理人となることができます。

少額訴訟債権執行は少額訴訟手続をより使いやすいものにするために作られた制度です。前述したように、少額訴訟では、請求額が60万

円以下の金銭トラブルに利用でき、1日で判決がでます。ですから少額訴訟のスピーディさを生かすためには、少額訴訟の執行手続も簡易なものにする必要がありました。通常は、簡易裁判所における訴訟で勝訴判決を得ても、債権執行をする場合には、地方裁判所に申し立てなければなりません。しかし、少額訴訟債権執行を利用すれば、わざわざ地方裁判所に申し立てなくても、債務名義を作成した簡易裁判所ですぐに執行をしてもらえます。煩雑な手続きを省略することで、少額訴訟から執行手続まで一気に進めることができます。

　なお、少額訴訟債権執行は、債権者の申立てによって行われますが、少額訴訟債権執行を利用することなく、通常の強制執行手続によることもできます。

　少額訴訟債権執行申立書は、少額訴訟を行った簡易裁判所に提出します。提出書類には、①少額訴訟債権執行申立書、②当事者目録、③請求債権目録、④差押債権目録があります。①少額訴訟債権執行申立書には申立人を記載します。申立書とともに提出する添付書類を記載します。具体的には、債務名義の正本や送達証明書などがあります。②当事者目録には債権者と債務者の氏名、住所を記載する他、第三債務者についても記載します。③請求債権目録にはどのような債務名義により執行を求めるのかを記載します。④差押債権目録には、差し押さえるべき債権を記載します。

● 少額訴訟債権執行のしくみ

少額訴訟債権執行

地方裁判所

簡易裁判所の裁判所書記官

以下の少額訴訟にかかる債務名義による金銭債権に対する強制執行
・少額訴訟における確定判決
・仮執行宣言を付した少額訴訟の判決
・少額訴訟における訴訟費用、和解の費用の負担の額を定める裁判所書記官の処分
・少額訴訟における和解、認諾の調書
・少額訴訟における和解に代わる決定

Q 手形訴訟・小切手訴訟とはどんな訴訟手続きなのでしょうか。

A 通常の民事訴訟手続は、原告が訴えてから判決がでるまでに早くても数か月、遅ければ数年かかります。しかし、それでは手形や小切手のように決済の迅速性が強く要求される場合には不適当です。そこで、簡易かつ迅速に権利の実現ができる特別の手続が用意されています。これが手形訴訟・小切手訴訟です。

まず、証拠調べの対象が、手形や小切手、契約書・領収書など書面による証拠に限られます。本人尋問は許されますが、証人尋問などは許されません。被告が同時に原告を訴える反訴も認められません。このように証拠調べの範囲が限定されていたり、反訴が許されないという制限があるため、手続は短期間で終了します。

さらに、手形訴訟・小切手訴訟では原告勝訴の判決がでると原則として無担保の仮執行宣言がつきます（民事訴訟法259条2項）。そもそも、判決が出されても、それが確定するまで強制執行はできないのが原則です。しかし、仮執行宣言がつくと、判決が確定する前でも直ちに強制執行することができます。

被告が判決に付された仮執行宣言による強制執行の停止を求めるためには、その理由を疎明しなければならなくなり、さらに、請求金額とほぼ同様の保証金を裁判所に出さなければなりません。したがって、被告が強制執行の停止を求めることは、実際には非常に困難です。このように、手形訴訟・小切手訴訟において原告勝訴の判決が下されると、たとえ被告が異議を申し立ててその確定を阻止したとしても、原告はすぐに強制執行を行うことができるのです。

●手形訴訟・小切手訴訟の手続の流れ

手形訴訟・小切手訴訟は、訴状を管轄裁判所に提出することによって開始されます。管轄裁判所については、通常訴訟と同様に考えてか

まいません。訴状には、手形訴訟・小切手訴訟による審理・裁判を求める旨の申述を記載し、手形・小切手の写しを提出しなければなりません。

　裁判所は、訴状を受理すると、口頭弁論期日を定め、当事者を呼び出すことになります。口頭弁論で行われることは、通常の訴訟と同様ですが、前述のように、証拠調べの対象は原則として手形などの文書に限られています。

　口頭弁論が終結すると判決が言い渡されます。手形訴訟・小切手訴訟の判決に対しては、2週間以内に異議申立てを行うことができ、異議申立てがあれば、改めて通常訴訟の手続がとられます。これに対応して、原告側も手形訴訟・小切手訴訟の途中で、通常訴訟への移行を申述することが許されていますが、いったん通常訴訟への移行の申述がなされると、その後申述を撤回して手形訴訟・小切手訴訟に戻すことはできません。

　なお、異議申立て後、通常訴訟の手続がとられた場合は、その判決に対してさらに控訴を行うことも可能になります。

● 手形・小切手訴訟の手続の流れ

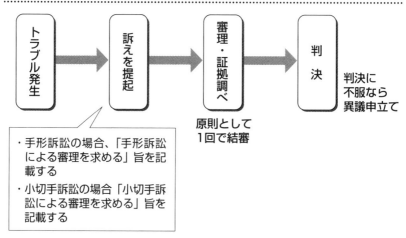

トラブル発生 → 訴えを提起 → 審理・証拠調べ → 判決

判決に不服なら異議申立て

原則として1回で結審

・手形訴訟の場合、「手形訴訟による審理を求める」旨を記載する
・小切手訴訟の場合「小切手訴訟による審理を求める」旨を記載する

Q 支払督促とはどんな手続きなのでしょうか。

A 　支払督促とは、債権者からの申立てを受けて、簡易裁判所の裁判所書記官が債務者に対して、債権の支払いをするように命令を出してくれる制度です。申立てを受けた裁判所は、証拠調べや債務者に事情を聞くなどの行為は一切行わず、債権者の申立書を形式的に審査するだけで、支払督促を出します。

　支払督促では、申立てができる事項について制限があり、金銭や有価証券などの給付を目的とする請求権に限られています。債権が支払督促の対象となるには、その支払期限が到来していることが条件となります。まだ支払期限が来ていないのに支払督促を申し立てることはできないのが原則です。

　実際に支払督促が利用されているのは、金銭の請求がほとんどです。

　支払督促を申し立てる場合は金額にかかわらず簡易裁判所を利用しますが、どの地域の裁判所でもよいというわけではありません。督促をする相手方の住所地を管轄している簡易裁判所の裁判所書記官に申し立てることになります。支払督促を申し立てる相手方が個人ではなく会社などの法人の場合には、法人の本店（本社）や主たる事務所の所在地を管轄している簡易裁判所に申し立てることになります。

　なお、債務に保証人がつけられていて、債務者、保証人のどちらに対しても請求したい場合には、それぞれの住所地を管轄する簡易裁判所に別途申立てをしなければなりません。ただ、相手方とその保証人の住所地を管轄する簡易裁判所が同じ裁判所の場合には、一つの申立てでどちらに対しても請求することができます。相手方が法人で、直接取引をしているのが本社や本店ではなく、支店や営業所などの場合、その支店や営業所との間に生じた債権については、支店や営業所を管轄する簡易裁判所に支払督促を申し立てることができます。

●支払督促の最大の特色は手続の簡便さ

　支払督促の申立てがなされると、申立書の審査がなされます。ただ、この審査は、所定金額の収入印紙が貼られているか、収められた切手の金額に間違いはないかなどの簡単なものです。債権者の請求や原因が真実であるかどうかの審査はしません。

　支払督促の申立てが受理されると、裁判所書記官は支払督促を出します。支払督促には、判決の主文に相当する「債務者は、請求の趣旨記載の金額を債権者に支払え」という文言が記載されていて、その後には、警告文言と言われている「債務者が支払督促送達の日から２週間以内に異議を申し立てないときは、債権者の申立てによって仮執行の宣言をする」という文言が記載されています。

　支払督促が債務者に送達された後２週間を経過したときから30日以内であれば、債権者は仮執行宣言の申立てができます。申立てをしないまま、この期間を過ぎてしまうと、支払督促は効力を失います。

●仮執行宣言の申立てをするのを忘れないように

　仮執行とは、将来、訴訟などを経て取り消される可能性があるにもかかわらず許されている強制執行のことです。強制執行は、本来であれば、訴訟を経て判決が確定して初めて可能になるのが原則です。しかし、判決に不服のある者は、上訴（控訴・上告）を申し立てることによって、判決が確定するのを遅らせることができます。にもかかわらず、原則通り判決が確定するのを待っていたのでは、相手方がその間に財産を隠してしまうおそれがあり、いったんは訴訟で勝訴した者でも、その権利を判決確定後に実現することは難しいものになってしまいます。

　そこで、相手方には、将来訴訟で本格的に争わせる道を残しておきながら、他方には、権利関係は未確定であるにもかかわらず、将来の権利の確保を容易にさせようとして認められたのが仮執行宣言の制度です。仮執行宣言に基づいて強制執行をしておきながら、後に仮執行

宣言が失効した場合には、仮執行を行った者は、相手方に対して原状回復と損害賠償責任を負うことになります。

　支払督促が債務者に送達されてから2週間は待たなければなりませんが、その間に債務者から異議申立てがなければ、債権者は仮執行宣言の申立てができるようになります。しかし、債務者からの異議申立てがあれば、通常の訴訟へ移行することになります。

　支払督促はあくまで支払いの「督促」ですから、支払督促だけでは強制執行することはできません。支払督促に仮執行宣言がつくことによって強制執行ができるようになるのです。強制執行を行う場合には、国の執行機関である執行官か執行裁判所へ強制執行の申立てをすることになります。

● 支払督促申立て手続の流れ

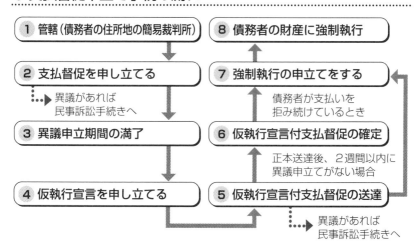

1 管轄（債務者の住所地の簡易裁判所）

2 支払督促を申し立てる
　異議があれば
　民事訴訟手続きへ

3 異議申立期間の満了

4 仮執行宣言を申し立てる

5 仮執行宣言付支払督促の送達
　異議があれば
　民事訴訟手続きへ

6 仮執行宣言付支払督促の確定
　正本送達後、2週間以内に
　異議申立てがない場合

7 強制執行の申立てをする
　債務者が支払いを
　拒み続けているとき

8 債務者の財産に強制執行

2 強制執行のしくみを知っておこう

強制執行には何が必要で、どのような種類があるのか

■ 強制執行には債務名義が必要である

　せっかく苦労して手に入れた勝訴判決でも、それだけでは権利の実現は完全ではありません。判決は、紛争に対する裁判所の判断にすぎません。敗訴した相手がおとなしく支払ってくれればよいのですが、ときには裁判で負けても支払わないケースもあります。その場合に、国家権力による強制力を使って裁判の結果を実現することになります。これが**強制執行**です。

　もちろん、強制執行は、借金の返済のケースだけに利用されるわけではありません。「物を売買したのに代金を支払ってくれない」という場合だけでなく、逆に、「代金を支払ったのに目的物を引き渡してくれない」というような場合にも利用できます。

　また、自分の土地に勝手に資材などが置かれている場合にも、強制執行によってそれを排除することができます。

　ただ、いくら訴訟で勝ったからといって、債権者が債務者の家の中にまで踏み込んで財産を没収したのでは、秩序ある社会とはいえません。裁判の決着がついた後でも、一定の手続に従って、秩序ある解決を図ることが法治国家の要請であり、そのために強制執行という制度が設けられているのです。そして、秩序ある一定の手続として、強制執行には**債務名義**（強制執行をしてもよいという国家のお墨つきのこと）が必要とされています。

　債務名義には、大きく分けて2つのものがあります。裁判所での手続を経たものと、裁判所での手続を経ていないものです。詳細については、203ページで後述します。

強制執行の種類にはどんなものがあるのか

　民事執行法で規定されている強制執行には、具体的にどのような種類があるのでしょうか。

① 金銭の支払いを目的とする強制執行

　強制執行の目的としては、まず、金銭の支払いを目的とするものが挙げられます。つまり、借金を返済してくれないケースや、売買で目的物を引き渡したのに代金を支払ってくれないケースの強制執行です。

　金銭の支払いを目的とするといっても、もともと担保権の設定を受けずに債務者の財産を現金に変えて弁済を受ける場合と、設定されている担保権を実行する場合とがあります。担保権の実行とは、目的物を競売等にかけて換価し、その中から債権を回収するということです。

　なお、担保権の設定されていない強制執行では、強制執行の対象に従って、以下の種類に分類されます。

・不動産に対する強制執行
・動産に対する強制執行
・債権に対する強制執行
・その他の財産権に対する強制執行

② 金銭の支払いを目的としない強制執行

　強制執行には、金銭の支払いを目的としない場合もあります。

　たとえば、土地を借りて建物を建築して事業を営んでいた賃借人が、賃借期限が切れた（契約が終了した）のに土地を明け渡さない場合において、建物を収去し土地を明け渡してもらうための強制執行、売買契約を締結し代金も支払ったのに売主が目的物を引き渡さない場合において、目的物の引渡しを実現するための強制執行などがあります。

3 強制執行はどのように行うのか

目的とする財産によってかなり異なっている

対象によって方法は具体的に異なる

　前項で強制執行がどの財産を目的とするかによって種類分けをしましたが、これには実務的な意味があります。というのも、同じ強制執行でも目的とする財産が異なると、実現する具体的方法もかなり違ったものになるからです。ここでは、対象となるおもな3つの財産別に、強制執行の具体的な方法の概略を述べてみます。

不動産に対する強制執行

　不動産に対する強制執行は、一言で述べると、競売によるものです。競売といっても、もともと抵当権などの担保権が設定されている不動産を競売する場合（担保不動産競売）と、債権だけがあって、その回収のために競売を行う場合（強制競売）とがあります。ただ、いずれの場合も、手続開始の原因が異なるにすぎず、競売という基本的な方法に大きな違いはありません。

　不動産を競売にかける手続の流れは、次のようになります。

● 強制執行の対象

種　類	特　徴
不動産	裁判所への申立て。競売を基本とした強制執行
動　産	執行官への申立て。執行官による差押え
債　権	裁判所へ差押命令の申立て。債権者が直接債権を取り立てることができる

① **申立て**

　債権者は債務名義を示して、裁判所に対して、強制競売の申立てをします。その際、あらかじめ必要な費用を納付しなければなりません。これを予納といいます。

② **強制競売開始決定**

　申立てを受けた裁判所は、競売に必要な要件が整っているかどうかを審査します。要件が整っていると判断した場合には、強制競売開始決定をします。

③ **売却基準価額の決定**

　続いて、裁判所は、目的となる不動産の財産価値を公平に評価するため、鑑定人を選任します。選任された鑑定人は当該不動産を鑑定し、その報告を基に、裁判所は競売の売却基準価額を決定します。この価格は、競売の期日と共に公告されます。

④ **競売**

　売却基準価額と期日が決まると、不動産は競売にかけられます。世間一般では、競売は「きょうばい」と読みますが、法律の世界では「けいばい」と読んでいます。

　もっとも、競売といっても、いわゆる「競り売り」は最近では行われておらず、「期間入札」という方法が採られています。

　期間入札とは、不動産を落札（買い取り）したい者は、裁判所

● 不動産競売の手続の流れ

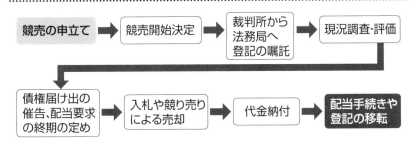

が定めた一定期間内に、買受可能価額（売却基準価額からその10分の2に相当する額を控除した価額）以上の希望価格を入札し、最高価格をつけた者に不動産が売却されるという方法です。

■ 動産に対する強制執行

動産に対する強制執行の手続は、不動産に対する強制執行と対照的です。動産の強制執行は執行官が主体となって、以下の順序で行われます。

① 債権者の申立て

まず、債権者が債務名義を示して、動産の強制執行を申し立てます。裁判所ではなく、動産所在地の執行官に申し立てます。執行官は裁判所にいます。

② 動産の差押え

次に、申立てを受けた執行官は動産の所在地に行き、動産を差し押さえます。ここでも不動産強制執行との違いがあります。

動産は家屋の内部にあるのが通常なので、どんな動産があるのかは入ってみなければわかりません。そのため、差押の段階になって、どの動産を差し押さえるのかは、執行官の裁量に委ねられるのです。執行官は、債権額を充たすと考えるまで差押をします。差し押さえられた動産には差押の札が貼られるか、別の方法によって差押がなされたことが表示されます。この表示がされると、動産の所有者といっても自由に移転したりすることができなくなります。違反すると刑事罰に問われます。

ただ、何でも差押ができるわけではありません。債務者にも人権は保障されており、最低限の生活まで奪うことは許されません。民事執行法では、2か月間の必要生計費として66万円までの金銭（現金）は差押が禁止されています。また、生活に必要な最低限の衣服・寝具・家具・その他の生活用品や、生活に必要な1か月

間の食料および燃料についても、差押が禁止されています。さらに、債務者が従事する仕事に必要な器具を差し押さえると、その後の生活に窮するので、これも差し押さえることが禁止されています。農業者にとっての農具、職人にとっての工具などが、これに該当します。

③　差押動産の売却

　差し押さえられた動産は、売却期日に競り売りされます。競り売りの結果、得られた代金が、債権者に配当されます。

■ 債権に対する強制執行

　債権に対する強制執行は、債務者の住所地を管轄する裁判所に、差押命令の申立てをすることからはじまります。差押の対象となる債権の債務者を第三債務者と呼び、預金債権の銀行、給与債権の会社などが該当します。

　差押されると、債務者は債権の取立てはできず、第三債務者も

● 動産執行のしくみ

例）住居や店舗内の金品を差し押さえたい

```
┌─────────────────────────┐
│   動産執行の申立てを検討   │
└─────────────────────────┘
            ↓
┌─────────────────────────┐
│ 地方裁判所の執行官に対して │　申立費用と執行費用も用意。
│        申し立てる          │
└─────────────────────────┘
            ↓
┌─────────────────────────┐
│   執行官と差押えのための   │　執行官は、執行や書面の送達を行う。
│     打ち合わせをする       │
└─────────────────────────┘
            ↓
┌─────────────────────────┐
│         差　押            │　生活に必要な衣服、寝具、家具、台所用品
└─────────────────────────┘　など、多くの財産の差押えが禁止されている。
            ↓
┌─────────────────────────┐
│         売　却            │　競り売りによる場合が多い。
└─────────────────────────┘
            ↓
┌─────────────────────────┐
│         配　当            │　債権者が一人の場合などは、弁済金の交付となる。
└─────────────────────────┘
```

弁済が禁止されます。差押命令が債務者に送達されて1週間（以下の①〜③の債権については4週間）が経過すると、債権者は直接債権を取り立てることができます。

また、別の方法として、債権そのものを、その額面の金額のまま債権者に移転するよう裁判所に命じてもらう方法もあります。これを転付命令といいます。転付命令が効力を生じるのは、それが確定したときです。転付命令は、命令が出されてから1週間以内に不服申立て（執行抗告）がなされなければ確定します。この場合、転付命令が第三債務者に送達されたときに弁済されたものとされます。

なお、民事執行法とそれを受けた政令によって、債権者の債権回収の利益と債務者の生活保障との調和の観点から、以下の債権については差押が制限または禁止されています。

① 国および地方公共団体以外の者から生計を維持するために支給を受ける継続的給付に関する債権
② 給料、賃金、俸給、退職年金および賞与などの債権
③ 退職手当およびその性質を有する給付に関する債権
④ 社会保障関係の給付など、各法律が規定する差押禁止債権

● 債権差押手続の流れ

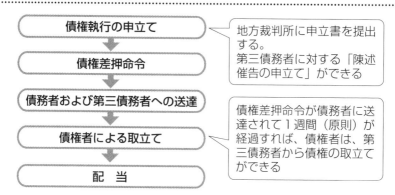

| 債権執行の申立て |
| 債権差押命令 |
| 債務者および第三債務者への送達 |
| 債権者による取立て |
| 配 当 |

地方裁判所に申立書を提出する。
第三債務者に対する「陳述催告の申立て」ができる

債権差押命令が債務者に送達されて1週間（原則）が経過すれば、債権者は、第三債務者から債権の取立てができる

4 強制執行にはどのような書類が必要なのか

強制執行をするための証明書がいる

■ 強制執行に必要な書類は３つある

強制執行が執行機関によって開始されるためには、原則として、①債務名義、②執行文、③送達証明という３つの書類が必要です。一般にはあまり聞き慣れない言葉ですが、強制執行を知る上では非常に重要な法律概念です。これらはそれぞれ独立の意義をもっています。以下、個別に検討してみましょう。

① 債務名義

債務名義とは、わかりやすく言えば、強制執行を許可する文書ということになります。当事者間で債権債務という法律関係の有無について争いがあって、一定の慎重な手続に従って紛争に終止符が打たれ、債権債務関係が明確になった場合に、その結果は文書という形で残されます。それでも、債務者が債務を履行しない場合には、その文書の内容に即して、債権者は国家権力の助力を得て債権を実現することができるのです。

債務名義には、ⓐ実現されるべき給付請求権、ⓑ当事者、ⓒ執行対象財産から責任の限度までが表示されます。

● 強制執行に必要な３点セット

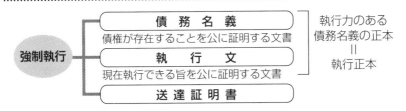

民事執行法22条各号を見てみましょう。そこには、確定判決、仮執行宣言付判決、仮執行宣言付支払督促、執行証書、仲裁判断、確定判決と同一の効力をもつものなどが規定されています。これらはみな債務名義です。

　ほとんどのものは、訴訟手続によって取得する必要がありますが、執行証書だけは公証役場（210ページ）で作成できます。

② **執行文**

　執行文とは、債務名義の執行力が現存することを公に証明する文書であると考えておいてよいでしょう。つまり、その時点で執行することを、公に証明している文書ということです。

　そもそも債務名義があると強制執行を申し立てることができます。ただ、それだけで強制執行ができるのかというと、そうではありません。判決が下されたり、公正証書が作成された後でも、債権債務をめぐる状況が変化していないとは限りません。たとえば、債務者が死亡してしまい、子どもらが債務のことを知らずに相続をしているケースがありえます。また、会社が合併して別の法人となっていれば、債務者の名義の異なった債務名義でそのまま強制執行をすると、問題が生じてしまいます。

　このような問題を避けるために、債務名義のまま強制執行する効力があることを確認する手続が用意されています。これを「執行文の付与」といいます。債権者が強制執行を申し立てた時点で、債務名義に執行力があることをチェックしてもらい、それを証明する文書をつけてもらうのです。

　執行文の付与は執行力を証明することなので、証明することができる資料を保有している機関が行います。判決や調書といった裁判所が関与する債務名義については、その事件の記録が存在している裁判所の裁判所書記官が行います。執行証書については、その原本を保管している公証人が行うことになります。

③　送達証明

　強制執行手続は、債権者の申立てに基づいて行われます。執行機関が手続を開始するためには、債務者に債務名義を送達しておかなければなりません（民事執行法29条）。そして、送達という手続を踏んだことを証明してはじめて強制執行を開始することができるのです。送達を証明する書類のことを、送達証明といいます。

　送達（証明）が要求される理由は、債務者にどのような債務名義で執行手続が開始されるのかを知らせ、債務者に防御の機会を与える必要があるからです。つまり、債権者・債務者双方の言い分を聞いて手続を行うのが適切であると法律は考えているのです。

　なお、送達証明は、裁判所書記官や公証人に申請して発行してもらいます。

● 債務名義になるおもなもの

債務名義になるもの	備　　考
判決	確定しているものでなければならない 執行申立てに、執行文、送達証明書、確定証明書が必要
仮執行宣言付きの判決	確定していないが一応執行してよいもの 執行申立てに、執行文、送達証明書が必要
支払督促＋仮執行宣言	仮執行宣言を申し立てる 執行申立てに、送達証明書が必要
執行証書	金銭支払のみ強制執行が可能 執行申立てに、執行文、送達証明書が必要
仲裁判断＋執行決定	執行決定を得ることができれば執行できる 事案によって、執行文、送達証明書、確定証明書の要否が異なる
和解調書	「○○円払う」といった内容について執行可能 執行申立てに、執行文、送達証明書が必要
認諾調書	請求の認諾についての調書 執行申立てに、執行文、送達証明書が必要
調停調書	「○○円払う」といった内容について執行可能 執行申立てに、執行文、送達証明書が必要

※一部の家事事件についての調停調書や和解調書については、執行文は不要

■ 強制執行の基本的なしくみと2つの意味

ここでは、強制執行（強制競売）と担保権の実行の違いについて、少し説明します。

たとえば、Aさんが裁判で勝訴し、「BはAに対し、金100万円支払え」との判決を得たとしましょう。この場合でもAさんは、Bさんの家に行って無理やり100万円の札束を奪ってくることは原則として許されません。これを法律的には「自力救済の禁止の原則」といいます。Aさんは勝訴判決に基づき、強制執行の手続を経てやっと自己の権利を実現することができるのです。

次に、AさんはBさんに金を貸していたため、Bさんの所有する不動産に抵当権を設定していたというケースで考えてみましょう。この場合でも、Aさんは担保権実行の手続によって、ようやく自己の権利を実現できます。

このように、一般に強制執行といっても法律的には、前述した①強制執行、②担保権の実行という2つの意味があることをまず知っておきましょう。以下では、①の強制執行と②の担保権の実行は明確に区別して記述しますので間違えないようにしましょう。

■ 強制執行と担保権の実行の違いはどこにあるのか

①強制執行と、②担保権の実行では、具体的にどのような違いがあるのでしょうか。

確かに、強制執行も担保権の実行も、民事執行法という法律の中で規定されています。また、金銭の支払いを目的とする限りで

は、双方の制度は共通している部分があります。

しかし、以下の点で違いがあります。

まず、国家の力によって強制的に債権を実現するといっても、強制執行の場合は、債務名義という文書が前提となっています。これは、債権が実在し、債務者が履行しない場合には、それを強制的に実現してもかまわないということを明確にしたものです。

一方、担保権の実行の前提となっているのは担保権の設定であり、ここでは原則として、当事者間での担保権設定契約が存在しています。もっともポピュラーなものは抵当権・根抵当権といったところです。つまり、判決といった債務名義が前提とはなっていないのです。

また、両者は手続の複雑さも異なります。強制執行には原則として債務名義・送達証明・執行文といった書類が必要となりますから、手続は簡単とはいえません。これに対し、担保権の実行では担保権の存在を証明する法定文書があれば、手続を開始することができます。担保権が登記されている登記事項証明書もこの法定文書となりますので、担保権が登記されているのであれば、登記事項証明書の提出で足りることになります。

● 強制執行・担保権の実行

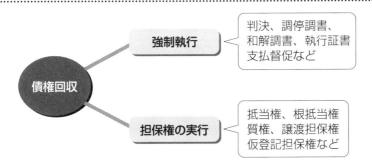

■ 担保権を実行するための要件

以下の要件を満たすことが必要です。

① 担保権が有効に存在すること

第一に、担保権は債権を担保するためにこそ存在する権利なので、前提として、被担保債権が有効に存在していることが必要不可欠です。また、被担保債権が有効に存在していても、担保権自体が有効に成立していなければ実行は許されません。通常は、担保権の設定にともない登記がされているはずなので、不動産の登記事項証明書を提出します。

② 被担保債権が履行遅滞にあること

被担保債権については、有効に存在していればよいというものではなく、債務者が履行遅滞に陥っていることが必要です。履行遅滞は、単に債務者が期限を守っていないだけではなく、それが違法であることが必要です。期限の利益（期限の到来までは債務の履行をしなくてもよい、という債務者の利益のこと）の喪失により債務者が履行遅滞に陥っている場合には、その旨も申立書に記載して明確にしなければなりません。

● 担保権の実行要件

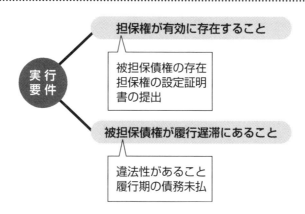

6 債務名義にも種類がある

債務名義となるのは確定判決だけではない

■債務名義と裁判所の関与の有無

　債務名義は、大きく分けて２つの種類に分けられます。１つは作成過程で裁判所が関わっている場合、もう１つは、裁判所が関わっていない場合です。まず、裁判所が関与している場合の債務名義について解説します。

　債務名義の多くは、裁判所がその作成過程に関与しています。裁判所での判断は、民事訴訟法をはじめとした法律に沿って、厳格な手続きの下で行われています。そのため、その結果もたらされた債権債務関係に対する判断は確かなものであり、その結果を強制力を使って実現しても不合理とはいえないのです。

　裁判所が関与している債務名義の中でも、代表的なものが確定判決です。訴訟の場で、紛争を抱えている当事者が主張をぶつけ合い、それに対して裁判所が判断を下した結果が判決であり、それが確定したものが確定判決です。

　訴訟は、裁判所に訴状（原告の主張を記載した書面）を提出することから始まります。その後、被告には、第１回期日の呼出状と答弁書催促状とともに、訴状が送達されます。原告には、第１回期日の呼出状が送達されます。

　訴訟では、被告が答弁書（原告の主張に対して被告の主張を記載した書面）を提出し、原告の請求とその根拠となる事実に対する認否を行います。その後、裁判官の面前で原告・被告がともに言い分を主張します（口頭弁論）。その上で争いのある事実があれば、証拠調べが行われます。裁判官が、口頭弁論や証拠調べに

より、心証を得れば、判決を下します。判決に不服がある当事者は、判決書送達後14日以内に上級裁判所へ控訴して争うことができます。控訴をすることなく14日が過ぎると判決が確定し、この確定判決が債務名義になります。裁判所の関与する債務名義としては、「調書」（205ページ）というものもあります。訴訟の途中で、当事者が互いに歩み寄って紛争を終結させることを和解といいます。和解がなされると、裁判所は当事者の合意内容に従って文書を作成します。これを和解調書といいます。

　また、訴訟という形をいきなりとるのではなく、裁判官以外の者も含んだ調停委員と当事者がテーブルを囲んで、話合いで紛争を解決するという方法もあります。これを調停といいます。調停それ自体は、訴訟とは異なり強制的な手続きではありませんが、合意が成立し、その内容が文書になると、当事者は以後その内容に従わなければなりません。この文書を調停調書といいます。調停調書は、債務名義の一種になります。

■ 執行証書とは何か

　裁判所の関与しない過程で作成される債務名義として「執行証書」があります。執行証書とは、一定額の金銭の支払などを目的とする請求について公証役場の公証人が作成する公正証書です。公証人は、一定の資格に基づいて法律の専門家が就任する役職で、実際は裁判官や検察官だった人たちが就任しています。法律の専門家が一定の手続きに従って作成する文書なので、その内容に従って強制執行を行うことが認められています。

　通常は、当事者が双方の合意により契約書などを作成しておきますが、万が一に備えて公証役場に行き、契約内容を執行証書という公正証書にしておきます。通常の場合、契約相手が債務を履行してくれないと、訴訟を起こして勝訴の確定判決を得てから強

制執行となります。しかし、執行証書にしておくと訴訟を経ずに強制執行へと進むことができます。

このように便利な制度ではありますが、執行証書により強制執行ができるのは、一定額の金銭の支払と有価証券（手形、小切手など）の請求に限られています。なお、公正証書は証明力が強いので、これ以外の目的をもっている契約でも公正証書にしておくことは、一向にかまいません。

■ 強制執行の開始にあたって

債務名義があり執行文の付与を受けても、強制執行の開始にあたって行うべき手続きはまだあります。その段階に至っても債務者に何らかの防御方法があることも考えられます。入れ違いで債務を弁済しているといったケースもあるのです。そこで、債務名義の正本または謄本（たとえば、確定判決の正本または謄本）を債務者に送達し、それを行ったことを証明する送達証明を取得することが要求されています。

● 公正証書作成の流れ

┌─────────────────────────────────────┐
│ 申請前に公正証書の作成について当事者の合意が必要 │
└─────────────────────────────────────┘
                    ▼
┌─────────────────────────────────────┐
│ **申請書類を再チェック** │
├─────────────────────────────────────┤
│ ・公正証書にしたい文面 │
│ ・本人確認資料（当事者が法人か個人かで異なる） │
│ ・代理人申請の場合は本人作成の委任状や本人の印鑑証明書など │
└─────────────────────────────────────┘
                    ▼
┌─────────────────────────────────────┐
│ 最寄りの公証役場へ行く │
└─────────────────────────────────────┘
                    ▼
┌─────────────────────────────────────┐
│ 公証人が公正証書を作成 │
└─────────────────────────────────────┘

7 強制執行と執行文について知っておこう

債務名義を補充する手続的要件である

■ 執行文の役割や種類と付与手続

　強制執行するためには、債務名義だけでは足りず、執行文も必要になります。ここでは執行文の役割や種類、付与のための要件、などの手続を順に検討していきましょう。

　債務名義が存在しても、請求権には条件がついていたりしますから、それが直ちに執行に適しているかどうかは必ずしも執行機関にはわかりません。そこで法律は、債務名義とは別の執行文というもう1つの要件を要求することにしました。

　執行文は、原則として強制執行の要件となります。しかし、少額訴訟の判決（確定判決、仮執行宣言付判決）、仮執行宣言付支払督促（民事執行法25条ただし書）、保全命令（民事保全法43条1項）については、これに表示された当事者に対して強制執行をする場合であれば執行文は不要です。

　これらの場合は、その裁判の正本と送達証明があれば、強制執行を行うことが可能であることになります。

■ 執行文にはどんな種類があるのか

　執行文には、①単純執行文、②承継執行文（民事執行法27条2項）、③条件成就執行文（民事執行法27条1項）の3種類があります。以下では、これらを簡単に説明していきます。

① 単純執行文

　債務名義の内容そのままの執行力を公証する執行文です。執行文が付与されるためには、ⓐ債務名義が存在し、ⓑ強制執行にな

じむ請求権が表示されていること、ⓒ債務名義の執行力がすでに発生し、存続していること、ということになります。

② 承継執行文

強制執行は、債務名義に表示された者以外の者を、債権者または債務者として行うこともできます。この場合に必要になるのが承継執行文です。

たとえば、債務名義に表示された債権が、他人に譲渡された場合（債権譲渡）、相続の対象となって相続人に移転した場合、合併によって他の会社に移転した場合を考えてみましょう。このような場合には、債務名義に表示された債権が、債務名義に表示された人以外の人に移転していることになります。

民事上の権利は、移転することを予定しています。そして、このような場合に、再び、債務名義を取得しなければならないとすると、手続的なムダが生じてしまいます。

そこで、強制執行制度もこの移転に対応できるように設計されており、これに対応するのが承継執行文の役割です。

承継執行文の付与にあたっては、文書以外の証拠を利用することはできません。文書により証明ができない場合は執行文の付与が拒絶されてしまいますから、注意が必要です。

● 執行文の種類

単純執行文	債務名義の内容そのままに執行力を公証する執行文
承継執行文	債務名義に表示された者以外の者を債権者または債務者とする場合に要する執行文
条件成就執行文	債務名義に表示された債権が、一定の事実の到来にかかっている場合に要する執行文

③　条件成就執行文

　債務名義に表示された債権が、一定の事実の到来（条件）にかかっている場合があります。この場合、この事実の到来（条件）の成否にかかわらず執行文が付与され、強制執行を許すことになると、このような条件をつけた意味が失われてしまいます。

　また、債務者からしてみると、条件が達成されていないにもかかわらず支払いを強制させられるということになり不当だといえます。このような条件がつけられている権利について、その条件の成就の事実を債権者に文書によって証明させ、証明ができた場合に限り執行文が付与されます。

　この場合の執行文を、条件成就執行文といいます。条件成就執行文の付与にあたっての証明も前述した承継執行文の証明と同様、文書以外の証拠を利用することはできませんし、文書による証明ができないときには執行文付与の訴えによらなければなりません。

　債権者が証明すべき事実（条件）には、停止条件、不確定期限、債権者の先履行給付、催告、解除権の行使、などがあります。

■ 承継・条件成就執行文の証明について

　執行文の付与を受けるための証明は文書で行わなければなりません。執行文を必要とする場合と、そのための文書は以下のとおりです。

・相続については戸籍謄本
・合併については商業登記事項証明書
・債権譲渡については内容証明郵便及び配達証明書

　なお、文書による証明ができないときは、執行文付与の訴えを提起して、文書以外の証拠によって証明しなければなりません。

8 強制執行と送達証明の関係はどうなっているのか

執行を開始するには送達証明が必要になる

送達証明の役割とは

強制執行を現実に執行機関が開始するためには、前述した債務名義と執行文だけでは足りません。さらに送達証明という書類が必要になります（送達証明書ともいいます）。

強制執行の手続は、債権者の申立てによって実施されますが、執行機関が執行を開始するには、債務名義を強制執行の開始に先立ってあらかじめ、または同時に、債務者に送達しておかなければなりません（民事執行法29条）。送達が必要なのは、債務名義、承継執行文、条件成就執行文など、です。

送達機関や申請、送達方法

送達機関や送達申請、送達方法は以下のとおりです。

① 送達機関

債務名義の送達は、債務者に反論（防御）のチャンスを与える重要な手続ですから、その送達も信頼できる機関によって行われることが必要になります。

まず、執行証書以外の判決、和解調書等の債務名義の送達は、裁判所書記官が送達機関として行います。次に、執行証書は、その執行証書の原本を保管する公証人が送達機関となります。

実際は、郵便局員や執行官が持ってきますが、送達機関である裁判所書記官や公証人が、郵便局員や執行官に付託（委託）しているという形をとっているのであって、郵便局員や執行官が送達機関ではありません。

② 送達申請

　債務名義の送達は、債権者の送達申請によって行われます。場合によっては、裁判所が職権で行うこともあります。

　送達申請というのは、「送達してください」と申し立てることです。送達は強制執行のための重要な手続ですから、送達申請を忘れないようにしましょう。

③ 送達の方法

　送達の方法は、いくつかありますが、その時々の状況に応じて、使い分けられます。

④ 送達逃れの問題

　最近では、送達をわざと逃れ、執行等の手続を妨害するケースが増えています。送達は、強制執行の場面ばかりでなく、判決を得るための訴訟手続の中でも重要な手続と位置付けられていますから、送達をしないことには進行しません。この送達を逃れて時間を稼いだりするために送達を逃れようとするのです。

　最終的には、書留郵便に付する送達または公示送達（下表参照）によって送達することができます。

● 送達の方法

交付送達	債務名義を直接、債務者に交付する方法
書留郵便に付する送達	交付送達ができない場合に、送達すべき書類を債務者の住所地に書留郵便で発送した時点で送達があったものとみなす方法
公示送達	債務者の行方が不明で送達場所も不明のときに行われる。債務者が出頭すれば、いつでも送達すべき書類を交付する旨を、裁判所の掲示板に掲示することによって行われる
執行官送達	特別な場合に限定される。特別送達ができないときなどがこれにあたる

9 強制執行の財産の調査をする

対象となる財産によって調査方法も異なる

■ 十分な調査が不可欠である

　債務者がどのような財産をどこに保有しているのかを事前に調査しておくことは、強制執行にあたっては不可欠な要素です。貸金や売買の契約を締結する際に、それとなく債務者の財産状態を聞き取っておくことも大切です。

　対象となる財産によって、調査の方法はもちろん、調査すべき力点も異なってきます。以下では、対象となる財産ごとに調査方法を説明していきます。

■ 不動産の調査をする

　不動産の特徴は何といっても、登記によって世間一般に対して財産状態が公示されていることです。隠すこともできませんし、不動産をめぐる他の法律関係も把握することができるので、他の強制執行の対象とは異なって比較的調査はしやすいといえるでしょう。

① 登記簿で不動産を調査

　現在では法務局のすべてがコンピュータ化され、紙の登記簿から磁気ディスクの登記簿に変わりました。登記内容は磁気ディスクに記録されており、直接閲覧することはできません。そのため、閲覧に代えて、登記簿に記録されている事項の摘要を記載した登記事項要約書を取得することになります。

　この他、登記の内容を調べる方法としては、登記事項証明書の交付を受ける方法があります。

② 登記簿の見方

　不動産登記は大きく３つの区分があります。表題部・権利部（甲区）・権利部（乙区）であり、それぞれに登記されている事項が異なります。

・表題部

　表題部では、その不動産が物理的にどのような状態のものであるのかが表示されています。建物の場合には、床面積などが記載されています。

・権利部（甲区）

　甲区ですが、所有権についての登記がされています。本当に債務者が所有者であるのかを、甲区を閲覧することによって確認しておきます。

・権利部（乙区）

　乙区には、その不動産をめぐる所有権以外の権利関係が登記されています。抵当権などの担保権が設定されているか、賃借権などの用益権（他人の不動産を利用する権利のこと）が設定されているのかは、ここでチェックすることになります。

　前述したように、すでに抵当権などの優先担保権が設定されていると、たとえ強制執行をかけたとしても、満足のいく回収が得られるかは微妙です。また、賃借権・地上権・地役権などの用益権が設定されていると、競売にかけたとしても競落されなかったり、賃借権などの分が割り引かれて換価されることになります。

③ 共同抵当の場合

　共同抵当とは、同じ債権を担保するために複数の不動産（たとえば、土地とその土地上の建物）に抵当権を設定することです。一つの不動産の価額が下がっても残りの不動産でてん補（埋め合わせ）できるなどメリットが多く、実務上よく活用されている制度です。自分が強制執行をかけようとしている不動産に抵当権が

設定されていることが判明したら、それが共同抵当であるかどうかについては必ず調査しておくようにしましょう。

共同抵当については、法務局の「共同担保目録」で調べることができます。

● 表題部・甲区・乙区サンプル

表　題　部(土地の表示)		調製	余　白	不動産番号	0000000000000
地図番号	余　白	筆界特定	余　白		
所　在	新宿区○○町一丁目			余　白	

①地　番	②地　目	③地　積　m²	原因及びその日付〔登記の日付〕
1番12	宅　地	100　00	○○ 〔平成○○年○月○日〕

所　有　者	○○区○○町○丁目○番○号　○○○○

権　利　部(甲　区)(所有権に関する事項)			
順位番号	登　記　の　目　的	受付年月日・受付番号	権利者その他の事項
1	所有権保存	平成○○年○月○日 第○○○号	所有者　○○区○○町○丁目○番○ ○○○○
2	所有権移転	令和○年○月○日 第○○○号	原因　令和○年○月○日売買 所有者　○○区○○町○丁目○番○ ○○○○

権　利　部(乙　区)(所有権以外の権利に関する事項)			
順位番号	登　記　の　目　的	受付年月日・受付番号	権利者その他の事項
1	抵当権設定	令和○年○月○日 第○○○号	原因　令和○年○月○日 金銭消費貸借同日設定 債権額　金○○○万円 利息　年○% 損害金　年○% 債務者　○○区○○町○丁目○番○号 ○○○○ 抵当権者　○○区○○町○丁目○番○号 株式会社○○銀行(○○支店)

■ 預金債権の調査をする

債権は、第三債務者（債務者が有する債権の債務者）が確実な資産を保有している限り、強制執行の対象としては有効なものとなります。債務者が会社員である場合の勤務先、預金者である場合の銀行・信用金庫、事業者である場合の経営状態の良好な取引先は、確実に債権を回収するための相手となります。

■ 株式について

株式は、上場されていて市場価値があると、簡単に換価できるので、強制執行の対象としては魅力的です。そのような株式については、株券は債務者が取引している証券会社で保護預りされており、証券会社の口座を通じて取引されるケースがほとんどなので、そこに対して差押をすることになります。

■ 財産開示手続きとは何か

金融機関が金銭の貸付けを行うときは、ほとんどの場合で抵当権などの担保権を設定します。このように、最初から相手の財産がはっきりしていて、担保権を確保していればよいのですが、そうでない場合には、実際のところ債権の回収が困難になるケースも多々あります。せっかく苦労して勝訴の確定判決を得るなどしても、相手の財産の有無・所在などがはっきりしていないと意味がありません。そこで、民事執行法は債務者の財産を開示させる制度として財産開示手続を置いています。

令和元年5月に民事執行法の一部が改正され、第三者から債務者の財産に関する情報を取得できる制度の新設、申立権者の範囲の拡大や罰則の強化がなされ、令和2年4月から施行されています。

■ 第三者からの情報取得制度

　債権者が執行裁判所に申立てをすれば、執行裁判所は銀行や証券会社などの金融機関や登記所（法務局）、市町村や日本年金機構等に対し情報の提供を命ずることができます。

　これにより、金融機関は債務者名義の預貯金債権や上場株式、国債等に関する情報を、登記所は債務者が登記名義人となる土地や建物に関する情報を、市町村や日本年金機構は給与債権（勤務先）に関する情報を、回答する必要があります。

■ 申立権者について

　財産開示手続きの申立権者は、執行力のある債務名義の正本を有する金銭債権の債権者と、債務者の財産について一般の先取特権（法律の定めによって発生する特殊な担保権）を有することを証する文書を提出した債権者です。

　なお、給与債権に関する情報については、養育費・扶養義務等に関する債権や生命・身体侵害による損害賠償請求権を有する債権者のみが申立てをすることができます。

　改正前に比べて、申立権者の範囲を拡大し、債務名義が仮執行宣言付判決や公正証書の場合でも利用が可能になっています。

　また、債務者が虚偽の陳述をした場合や出頭を拒んだ場合には6か月以下の懲役または50万円以下の罰金が科せられます。

■ 財産開示手続きの流れはどうなっている

　申立先は、原則として債務者の住所地を管轄する地方裁判所です。過去3年以内に債務者について財産開示手続きが実施されている場合には、その債務者について財産開示手続きが実施されません。ただし、債務者が一部の財産を開示していなかった、新しい財産を取得した、債務者と使用者との雇用関係が終了した、と

いった事情がある場合には、例外的に財産開示手続きが実施されます。

申立ては、申立書に申立てができる債権者であることや申立て理由、証拠などを記載して提出します。申立てを受けた裁判所は、財産開示手続開始を決定し、債務者を呼び出します。

呼び出しを受けた債務者は事前に財産目録を作成・提出した上で、期日（財産開示期日）に裁判所に出頭します。出頭した債務者は、自分の財産について陳述し、これに対して債権者は裁判所の許可を得て質問をすることができます。

なお、第三者からの情報取得手続きを申し立てる場合は、債務者の住所地（住所地がない場合には情報提供を命ぜられる者の所在地）を管轄する地方裁判所へ申し立てることになります。申立てを受けた裁判所は申立てを認める決定をすると、金融機関や登記所、市町村や年金機構等に対し債務者の財産に関する情報の提出を命じます。命令を受けた金融機関等は必要事項を裁判所へ書面で回答し、裁判所から申立人に書面の写しが送付されます。取得情報を目的外で利用した場合は罰則が科せられます。

● 財産開示手続の流れ

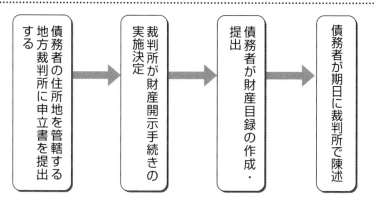

債務者の住所地を管轄する地方裁判所に申立書を提出する

→

裁判所が財産開示手続きの実施決定

→

債務者が財産目録の作成・提出

→

債務者が期日に裁判所で陳述

巻末資料　民事保全の申立てなどにかかる費用（東京地方裁判所の例）

1 申立手数料		申立てごとに　2000円
2 郵便切手代	債権仮差押	債務者　　　1名　　　　　　　1099円 第三債務者1名分（速達）2008円 ※1 第三債務者2名　　（速達）5115円 第三債務者3名　　（速達）7123円 第三債務者4名　　（速達）9131円
	不動産仮差押・ 仮処分（処分禁止）	債務者　　　1名　　　　　　　1099円 登記所1か所分（速達）1364円 ※2 登記所2か所　（速達）3827円 登記所3か所　（速達）5191円 登記所4か所　（速達）6555円
	不動産仮処分 （占有移転禁止）等	債務者の人数 ×1099円
3 担保額の 目安		仮差押・仮処分の申立ての際に納付する担保額については、法律や規則で基準が定められているわけではなく、裁判所（裁判官）の判断で決まる。そのため、担保額は事件ごとに異なる可能性があり、また、地域によって異なる可能性もある。
4 登録免許税	不動産仮差押	請求債権額に1000分の4を乗じた額（ただし、請求債権額の1000円未満を切り捨てて、1000分の4を乗じた額から100円未満を切り捨てた額）。登録免許税額が3万円を超えるときは国税納付書の領収証書で納付
	不動産処分禁止の 仮処分	当該物件の固定資産評価額に1000分の4を乗じた額（計算方法は仮差押と同じ）
	仮登記上の権利、 賃借権、地役権 及び抵当権などを 目的とした仮処分	仮登記上の権利が所有権であれば目的不動産の価額の地上権、賃借権であれば同価額の2分の1の額の抵当権であれば被担保債権額の根抵当権額であれば極度額のそれぞれ1000分の4。

※1（内訳）第三債務者が1名増すごとに2008円分追加
（第三債務者・特別送達料1145円）（速達料260円）
（陳述書返送料・裁判所用（書留）519円）（陳述書返送料・債権者用84円）
※2（内訳）登記所が1か所増すごとに1364円追加
（登記嘱託用529円）（速達料260円）（登記返送料575円）
※ 50g定型郵便が基準。目録の枚数や物件の数により，郵便切手を追加する場合がある。

【監修者紹介】

森　公任（もり　こうにん）

昭和26年新潟県出身。中央大学法学部卒業。1980年弁護士登録（東京弁護士会）。1982年森法律事務所設立。おもな著作（監修書）に、『不動産契約基本法律用語辞典』『契約実務 基本法律用語辞典』『公正証書のしくみと実践書式集』『職場のトラブルをめぐる法律問題と実践解決書式』『著作権の法律問題とトラブル解決法』『インターネットの法律とトラブル対策』『入門図解 親子の法律問題【離婚・親子関係・いじめ・事故・虐待】解決の知識』など（小社刊）がある。

森元　みのり（もりもと　みのり）

弁護士。2003年東京大学法学部卒業。2006年弁護士登録（東京弁護士会）。同年森法律事務所 入所。おもな著作（監修書）に、『不動産契約基本法律用語辞典』『契約実務 基本法律用語辞典』『公正証書のしくみと実践書式集』『職場のトラブルをめぐる法律問題と実践解決書式』『著作権の法律問題とトラブル解決法』『インターネットの法律とトラブル対策』『入門図解 親子の法律問題【離婚・親子関係・いじめ・事故・虐待】解決の知識』など（小社刊）がある。

森法律事務所
家事事件、不動産事件等が中心業務。
〒104-0033　東京都中央区新川2-15-3　森第二ビル
電話 03-3553-5916　　http://www.mori-law-office.com

すぐに役立つ
入門図解
三訂版　仮差押・仮処分の法律と手続き

2023年3月30日　第1刷発行

監修者	森公任　森元みのり	
発行者	前田俊秀	
発行所	株式会社三修社	
	〒150-0001　東京都渋谷区神宮前2-2-22	
	TEL　03-3405-4511　　FAX　03-3405-4522	
	振替　00190-9-72758	
	https://www.sanshusha.co.jp	
	編集担当　北村英治	
印刷所	萩原印刷株式会社	
製本所	牧製本印刷株式会社	

©2023 K. Mori & M. Morimoto Printed in Japan
ISBN978-4-384-04911-4 C2032